健身解剖图解 501

瑜伽训练

主　编　[美] Nancy J. Hajeski
[美] Sophie Cornish Keefe
[美] Audra Avizienis
主　审　丁自海
主　译　于新凯 秦 杰

山东科学技术出版社

图书在版编目（CIP）数据

健身解剖图解 501. 瑜伽训练 /（美）南希 · J. 哈吉斯基（Nancy J. Hajeski），（美）苏菲 · 科尼什 · 基夫（Sophie Cornish Keefe），（美）奥德拉 · 阿维耶尼斯（Audra Avizienis）主编；于新凯，秦杰主译 . —济南：山东科学技术出版社，2020.7
ISBN 978-7-5723-0302-9

Ⅰ . ①健… Ⅱ . ①南… ②李… ③奥… ④于… ⑤秦… Ⅲ . ①健身运动 – 图解 Ⅳ . ① G883-64

中国版本图书馆 CIP 数据核字 (2020) 第 073705 号

Created by Moseley Road Inc.
President: Sean Moore
Production Director: Adam Moore
Designer: Philippa Baile www.oiloften.co.uk
Photographer: Naila Ruechel

健身解剖图解 501：瑜伽训练

JIANSHEN JIEPOU TUJIE 501: YUJIA XUNLIAN

责任编辑：冯　悦
装帧设计：李晨溪

主管单位：山东出版传媒股份有限公司
出 版 者：山东科学技术出版社
地址：济南市市中区英雄山路 189 号
邮编：250002　电话：（0531）82098088
网址：www.lkj.com.cn
电子邮件：sdkj@sdcbcm.com
发 行 者：山东科学技术出版社
地址：济南市市中区英雄山路 189 号
邮编：250002　电话：（0531）82098071
印 刷 者：山东彩峰印刷股份有限公司
地址：潍坊市福寿西街 99 号
邮编：261031　电话：（0536）8216157

规格： 16 开（170mm × 240mm）
印张： 12　**字数：** 178 千　**印数：** 1~3000
版次： 2020 年 7 月第 1 版　2020 年 7 月第 1 次印刷
定价： 59.80 元

主　审　丁自海

主　译　于新凯　秦　杰

译　者（以姓氏笔画为序）

于新凯　上海体育学院

朱建明　华东政法大学

孙　燕　复旦大学基础医学院

郑鑫焱　上海体育学院

秦　杰　复旦大学上海医学院

前 言

瑜伽是一项把身体、心灵和精神融合在一起的运动。你可以设定一个动作，保持一段时间，再进入另一个动作。这项运动不需要器械，不需要快速地移动或拉伸肢体，不需要无休止地重复动作。它是精简运动与朴素魅力的结合，包括容易完成的基本姿势和中级姿势，以及非常复杂、需要数十年才能掌握的高级姿势。即便是最简单的动作也需要控制力、专注力及一致性的协调。许多中级和高级姿势也需要力量和灵活性，以及良好的平衡感。通过瑜伽练习可获得以下特征——控制力、专注力、力量、平衡性及灵活性，这些特征会随着瑜伽投入时间及姿势复杂性的增多而增强。

瑜伽对心理和精神有益。在印度教、婆罗门教及耆那教中，瑜伽就意味着“灵性训练”。它不仅是一种运动养生法，还意味着可以改变我们的生活。瑜伽提供心理和精神的改进才是其最初的主旨。根据德国的印度学家和专门研究瑜伽的作家 Georg Feuerstein 的说法，瑜伽的意思是“在超越自我的基础上实现对人的深刻变革”。当参加者致力于正确的呼吸方法以及何时运动大小肌肉时，这种神秘的力量就开始产生。心灵开始平静，将精力集中于身体各部位放置的过程要求我们完全处于当下的状态。然后，身体就变成了通向比我们自己的狭隘世界更大、更深、更多共鸣的世界的通道。

理想情况下，练习一节瑜伽后，你会感到精神焕发、更加专注、充满活力，而且越发平静。

主要历史

瑜伽的起源一直备受争议。众所周知，瑜伽最早是由 5 000 多年前印度北部的 Indus-Saravati 文化发展起来的。瑜伽最初是在 Rig Veda 中提到的，其学科概念为印度最古老的精神文本，包括一系列歌曲、祷文和仪式。瑜伽最初的目的是促进对世界的更好理解，然后演变成对自我的研究，以自我启蒙为最终目标。被称为《奥义书》的印度教文本集合将这一过程描述为“在老师的指导下学习并将一生奉献给瑜伽练习”。大约在公元前6世纪，姿势和冥想成为瑜伽的重要元素，这很大程度上是由佛陀的教导实现的。

现代瑜伽

瑜伽最初是在19世纪中期伴随印度哲学的其他方面一起介绍给受过教育的西方人。19世纪90年代，备受赞誉的瑜伽修行者 Swami Vivekananda 游览了欧洲和美国。他非常受欢迎，得到了包括先验论者在内的许多知识分子的支持。这些知识分子包括拉尔夫·瓦尔多·爱默生、亨利·大卫·梭罗，受德国浪漫主义启发者以及如乔治·黑格尔和亚瑟·叔本华等对印度文化和意识形态饶有兴趣的哲学家。超经验主义思想家也影响了美国人对瑜伽的看法和接受程度。这一运动包含了一系列神秘和超自然的哲学，它的信徒们相信过去的古老知识可以提供对自然世界的理解，甚至可以启蒙并拯救世界。

20世纪初期，印度许多古老的习俗一直被英国人阻碍，很少有印度人坚持练习瑜伽。但是，一位名叫 Tirumalai Krishnamacharya 的年轻人小时候就接触过瑜伽。在他性格形成的关键期正值印度传统复兴时期，能够学习印度教仪式、印度法律、梵文、阿育吠陀和印度医学。他首先拥护的就是瑜伽。正是他或多或少地创造了我们认为的现代的、更具有运动规律的瑜伽—— Ashtanga Vinyasa 瑜伽。由于迈索尔的大君得到瑜伽的帮助，这位糖尿病患者对该运动的潜在治愈能力很感兴趣。Kirshnamacharya 认为瑜伽应该遵循3个阶段：青年时期发展肌肉力量和灵活性；“有家庭”的成人期，可以保持健康；最后专注灵性。Krishnamacharya 也是第一位允许女性学习瑜伽的瑜伽修行者——他教过世界上第一位女性瑜伽老师英迪拉·德维。另一个有影响力的受益者是 Swami Sivananda，他认为现代瑜伽包含5个原则：适当的放松、适当的运动、适当的呼吸、适当的饮食、积极的思考和冥想。

到20世纪60年代，瑜伽已经与青年反主流文化运动，以及对冥想和东方精神感兴趣的嬉皮士联系起来。20 世纪 80 年代的健身和健身俱乐部热潮进一步提高了人们对瑜伽的兴趣。不久之后，各个年龄段和不同经济基础的人都开始练习“伏式”并“与他们的内心导师取得联系”。

瑜伽传统

如今，西方人练习的瑜伽比早期版本更加注重身体锻炼。现在，许多人都被瑜伽能够保持体形、减肥、克服久坐的生活方式或缓解生活压力引起的肌肉紧张所吸引。然而，传统的古典瑜伽仍然秉持姿势或体位，仍保留着有旋律的梵语命名—— Ananda Balasana、Savasana 和 Bhujangasana，以及基本姿势——如乌鸦、骆驼和蝗虫式，仍然像 100 年前一样受到尊敬。无论在哪里练习，在自己的家中或专门的瑜伽工作室，你都是数千年历史延续的传统中的一部分。

最高素养

随着时间的推移，瑜伽已经发展为几种不同的类型。Vinyana 是一个将呼吸与运动相连的快节奏类型，在练习时需要音乐的配合。Hatha 是一个温和的、节奏缓慢的类型，非常适合初学者。Iyengar 改善了动作顺序和形态，对那些受伤后康复的人来说是有益的。Ashtanga 非常适合杰出人士——它专注于重复的动作和严格的指导。Bikrim 由 26 个姿势和 2 个呼吸练习组成，需要在加热的房间里练习。Kundalini 最适合那些想要精神修养的人，在运动和呼吸的同时还要结合歌唱、吟诵和冥想。还有 Yin 瑜伽（阴瑜伽）和 Restorative 瑜伽（恢复性瑜伽）。Yin 瑜伽练习时需要一个姿势保持几分钟从而达到伸展效果。Restorative 瑜伽需要长时间保持深度放松。

瑜伽疗法

近年来，瑜伽作为治疗癌症、心脏病、哮喘和精神分裂症等疾病的一种可能的补充干预手段而受到关注。虽然瑜伽对癌症干预的结果不能确定，但它对其他疾病的干预研究表明瑜伽可以有效地降低患病风险，促进患者的心理康复过程。

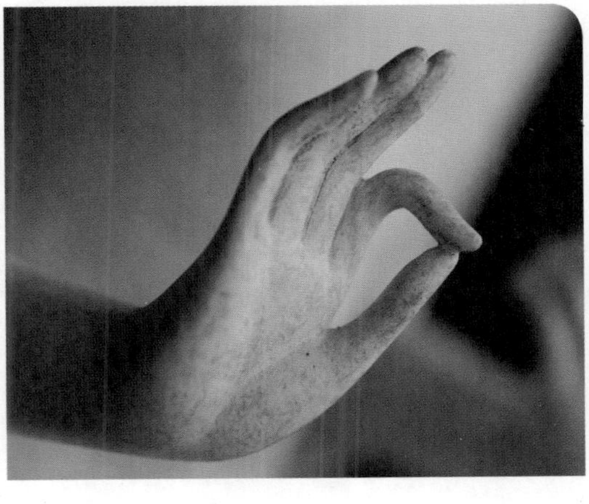

本书内容

本书旨在介绍一些瑜伽基本姿势及其多种变式。这些章节的标题根据瑜伽的姿势而定，例如站式、坐式、前弯式及后倾式等；内容以一系列基础姿势为主，每个动作都有简明扼要的描述，强调循序渐进，包含一个或多个姿势照片，一个或多个姿势的解剖图解，正确完成动作的要领以及避免动作错误的注意事项。这些动作还与解剖相结合，显示每个动作的身体部位及可以锻炼的肌肉。每个基础姿势之后跟随许多相关姿势，这些姿势也有简明扼要的描述和相应的图片。

以简述与图片做指导，初学者能够从基本姿势到高级姿势逐步练习。高级练习者可以尝试练习已经掌握的姿势的变式，包括探索力量、平衡性和灵活性的极限。任何受本书指导的人都应该拥有健康、成就感、幸福感，以及显著的内心平静。

全身解剖

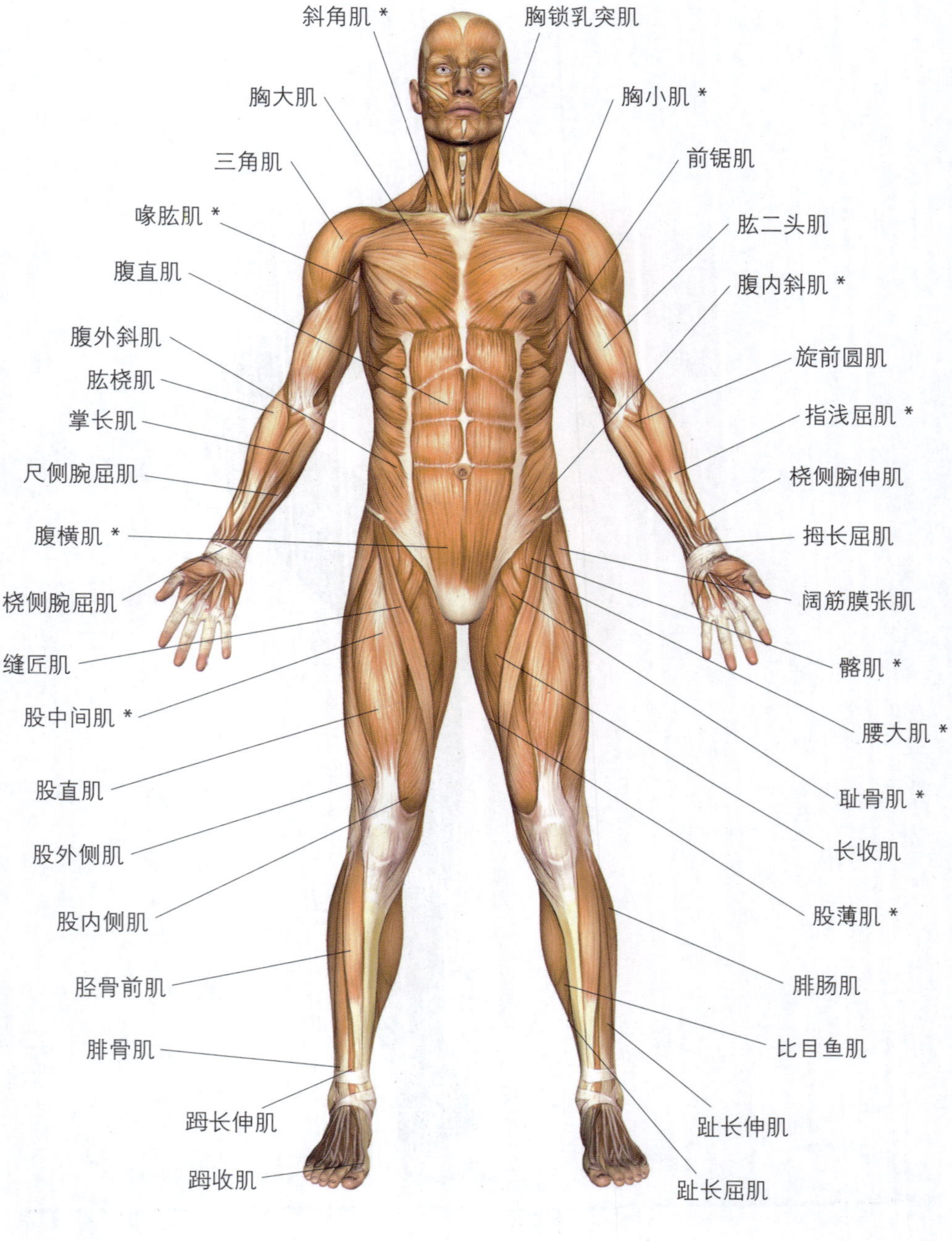
斜角肌 *
胸锁乳突肌
胸大肌
胸小肌 *
三角肌
前锯肌
喙肱肌 *
肱二头肌
腹直肌
腹内斜肌 *
腹外斜肌
旋前圆肌
肱桡肌
指浅屈肌 *
掌长肌
桡侧腕伸肌
尺侧腕屈肌
拇长屈肌
腹横肌 *
阔筋膜张肌
桡侧腕屈肌
髂肌 *
缝匠肌
腰大肌 *
股中间肌 *
耻骨肌 *
股直肌
长收肌
股外侧肌
股薄肌 *
股内侧肌
腓肠肌
胫骨前肌
比目鱼肌
腓骨肌
趾长伸肌
拇长伸肌
趾长屈肌
拇收肌

注释
* 代表深层肌肉

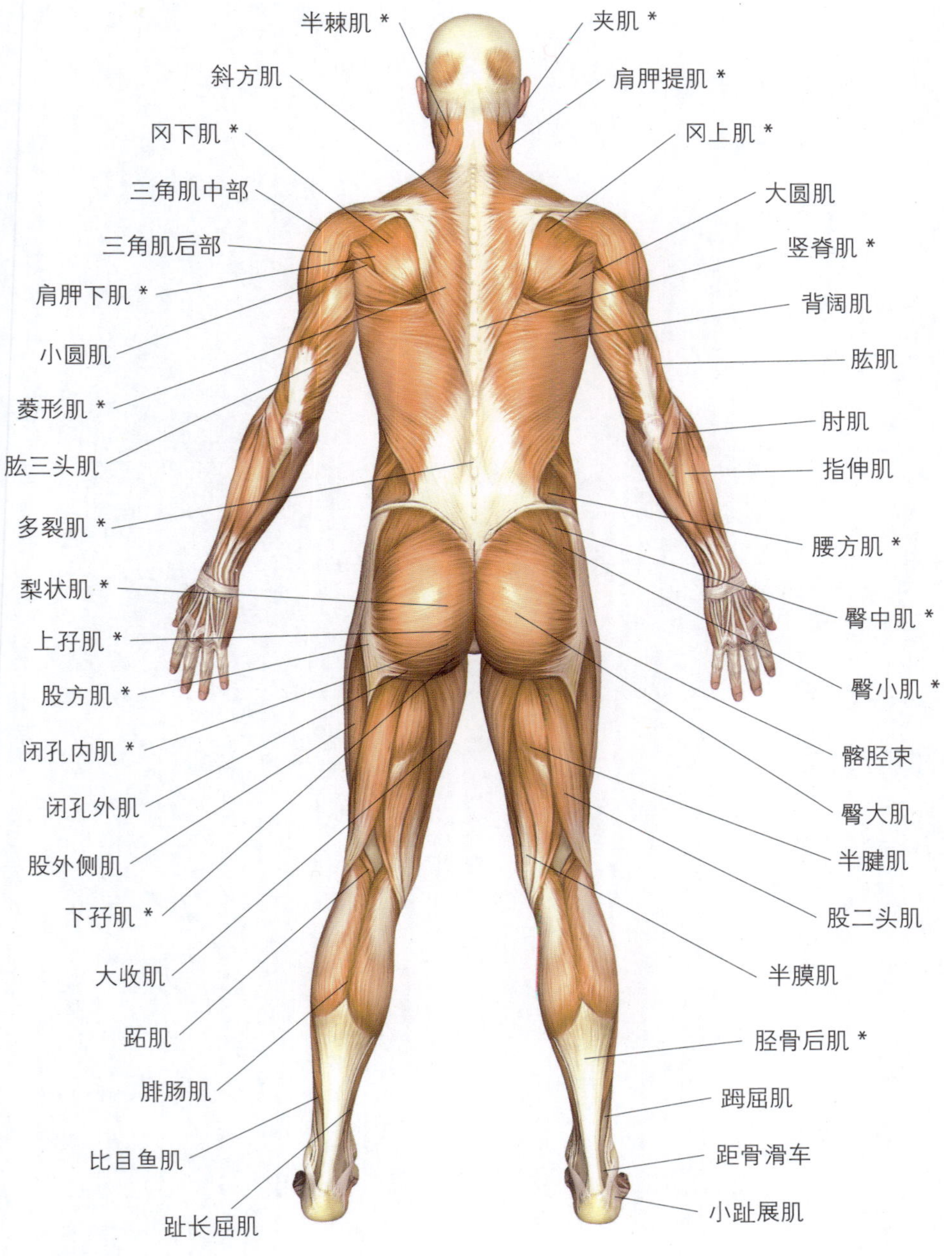

半棘肌 *
斜方肌
冈下肌 *
三角肌中部
三角肌后部
肩胛下肌 *
小圆肌
菱形肌 *
肱三头肌
多裂肌 *
梨状肌 *
上孖肌 *
股方肌 *
闭孔内肌 *
闭孔外肌
股外侧肌
下孖肌 *
大收肌
跖肌
腓肠肌
比目鱼肌
趾长屈肌
夹肌 *
肩胛提肌 *
冈上肌 *
大圆肌
竖脊肌 *
背阔肌
肱肌
肘肌
指伸肌
腰方肌 *
臀中肌 *
臀小肌 *
髂胫束
臀大肌
半腱肌
股二头肌
半膜肌
胫骨后肌 *
踇屈肌
距骨滑车
小趾展肌

目录

第一章

站　式

站式是大多数瑜伽流派的基础。通常这些姿势在学习初期练习，因此是瑜伽中许多基本动作的基石。站式可以消耗体内能量，发展耐力，建立对自我能力的认知。大多数站式的姿势都需要力量、灵活性和平衡能力的配合，依赖于身体的良好调整。保持良好的姿势并使双足有力站稳是站式成功的重要保证。站式需要腿部的力量，但是站式中的大范围姿势移动和变化却需要动用全身的肌肉。这些姿势可以强化手臂、肩部、躯干、骨盆、腿和足。在站式中寻找优雅的平衡可为其他体式训练做准备。

001

山 式

山式是站立的基本姿势，其他的站式及倒立式都以此为基础。该姿势改善了脊柱姿势、平衡能力及全身肌肉的协调能力。虽然它可能看起来像一个基本的姿势，但有许多微妙的对齐原则可以应用于随后的许多站立姿势。

注释
粗体字表示强化的肌肉
黑体字表示伸展的肌肉
* 表示深层肌肉

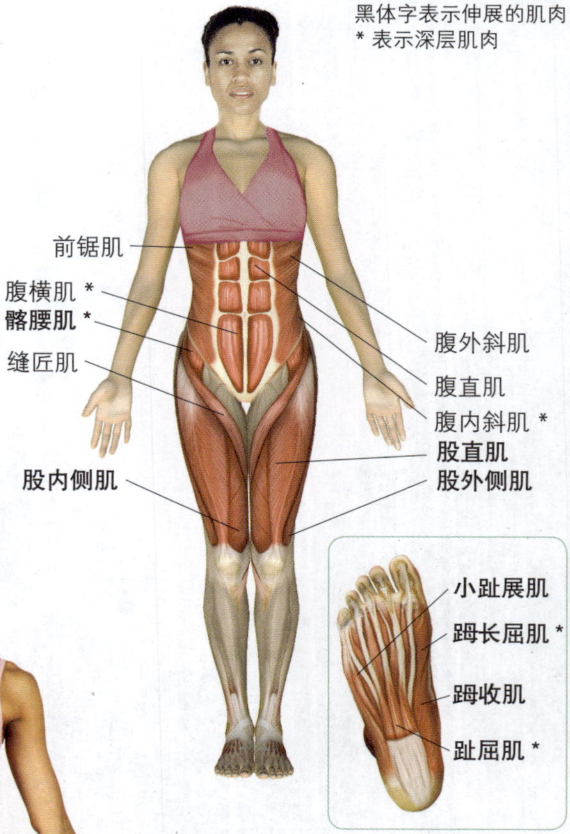

正确姿势
调整身体姿势，使耳部、肩部、臀部及足跟处于一条直线上，并让身体重量均匀置于两足。
注意
如果出现头晕或失衡，请注意在你可控范围之内移动。

- 两足并拢站立，双臂置于躯干两侧，将身体重量压在足趾及足弓上。
- 将骨盆置于中立位置。不要让髋骨的前部向下或向上，而是朝向正前方。将腹部略微收紧。
- 拉长躯干。呼气并将肩胛骨从背部向腰部下降。
- 上臂内旋，双手伸向两侧。手指分开并保持手掌向前。
- 保持此姿势 1 分钟，感受脊柱在整个拉伸过程中伸长。

002 向上敬礼式

从山式（#001）开始，手臂向上伸直。抬头目视前方，感觉脊柱和颈部被拉长。

003 背后祈祷式

从山式（#001）开始，将手臂伸到背后。像祈祷式一样双手手掌相对。试着将合并的双手沿着脊柱抬起。

004 双手束手式

从山式（#001）开始，将手臂伸到背后。双手十指相扣并试着将双手抬离脊柱。

005 侧屈双手束手式

从山式（#001）开始，双手十指相扣，双臂向上方伸展。躯干从一侧向另一侧侧屈。这种姿势也称为 Parshva Tadasana Urdhva Baddha Hastasana 和侧弯式（Parshva Bhangi）。

- 该侧屈姿势可以锻炼不经常伸展的部位，还可以增强身体的平衡感。
- 该侧屈姿势可以强化和伸展背部、肩部和身体侧面肌肉，调节腹部及腰部。
- 侧屈是所有练习瑜伽人士的基本准备姿势。
- 该姿势使脊柱及侧腰部侧屈，达到三角式，是伸展侧角式及半月式的基础。

006 站立新月式

从山式（#001）开始，十指紧扣，手臂竖直向上举起。保持十指紧扣，伸展双臂，使肩部与胸部靠近。保证髋关节与双足、踝关节处于一条直线上。

007 山立式

从山式（#001）开始，双臂向正上方挺直。双手相对指向天花板。将视线直接移向天花板。

008 单腿站立新月式

从山式（#001）开始，单脚离地。十指紧扣，手臂竖直向上举起。保持十指紧扣，伸展双臂，使肩部与胸部靠近。保证髋关节与双足、踝关节处于一条直线上。

009 充满活力的生命循环

身体直立，十指紧扣，抬头向上。将左腿绕到右腿后面，双足站立。将躯干向后倾斜并向右移动，然后面对天花板。

- 需要花一些时间在这个姿势中找到平衡。
- 将手臂的力量向上延伸，使身体的弓形侧面拉长。
- 背部上方后伸，从而避免髋关节承受过多压力。
- 该姿势可以拉伸胸部、腹部、肩部、大腿、臀部、腿部和踝部。
- 它为整个身体提供活力和能量。

010 拜日背弯式

从山式（#001）开始，双臂向上伸直，手掌相对，手指朝上。保持双臂挺直，肩部向后伸。这个姿势也被称为 Surya Namaskarasana。Surya 是梵语中太阳的意思，Namaskara 的命名源于“鞠躬，敬拜，敬礼”。

- 太阳致敬式可以让体内产生热量，通常是按照热身运动的顺序来练习的。在完成太阳致敬式时，需要通过鼻子进行呼吸。这样可以保证空气吸入胸部前就被加热，保证冥想的质量。
- 这种特定的拜日背弯式可以拉伸背部下方和髋关节的伸肌群。它通常是伴随着深呼气完成的。随着有规律的背部弯曲，该动作可以增加躯干移动，增强脊柱周围支持肌肉的力量从而保护脊柱。

推迟绝经
背部后仰可以打开胸部和心脏区域。这有助于平衡血压和促进激素分泌，以及缓解情绪波动和潮热。打开盆腔空间的姿势可以帮助减轻与更年期有关的压力和不适，推迟绝经期。

011 拜日围绕背弯式

从山式（#001）开始，双臂向上伸直。十指紧扣，双臂伸展，双手紧握，双肩向后弯曲。

012 椅式

从山式（#001）开始，屈膝关节。上身前倾，与地面呈 45°。背部挺直并保持该姿势 30 秒。

正确做法
需将大腿、膝部及臀部向下移动，力求实现下半身正确的姿势。避免弯背。

013 树式

正确姿势

把一侧足放在支撑腿膝部的上方或下方，大腿或小腿的内侧。

注意

当你保持平衡时，避免足外翻。如果外翻会使支撑腿的髋关节和膝关节错位。

树式可强化和平衡腿部肌肉的力量，提高个人的注意力及格斗意识。此姿势可拉伸大腿、腹股沟、躯干和肩部，增强踝关节和小腿部位的肌肉力量，强健腹部肌肉。

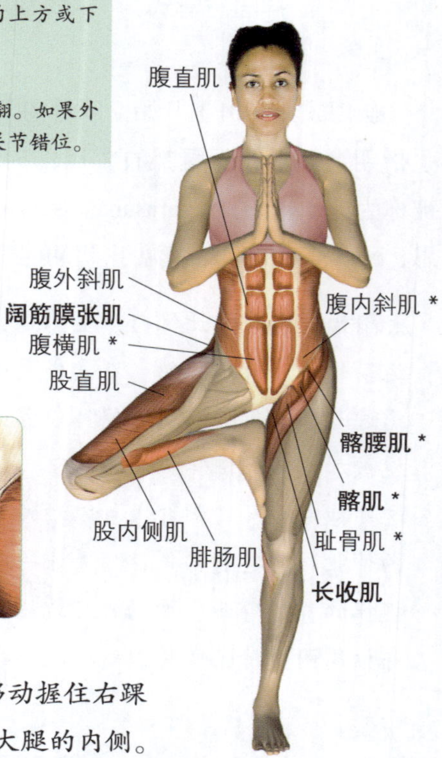

注释

粗体字表示收缩的肌肉

黑体字表示伸展的肌肉

* 表示深层肌肉

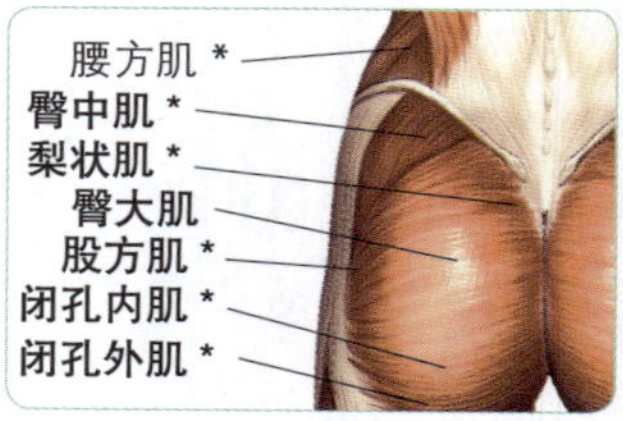

· 从直立开始，把身体重心移到左足上。

· 屈右膝并抬起右足离开地面。右手向下移动握住右踝内侧。右手上提右足，把右足移动到左侧大腿的内侧。

· 找到该姿势的平衡点，调整身体位置，让骨盆重心移动到左足。然后，调节髋关节，使两侧髋关节对齐。

· 一旦找到平衡，双手放在胸前做祈祷姿势。保持此姿势 10 秒及以上。

· 放松并重复此动作，这个过程中要保持重心都在左足。

014 树式之背后祈祷式

找到平衡，在后背抬起双手。手指指向天花板，双手手指及手掌相对做祈祷姿势。

015 树式变式之旋转半月式

找到平衡，将左手从胸前绕到对侧的腰部，伸出右手绕到背后，从背后抱住左侧腰部。

016 树式变式侧屈式

找到平衡，双臂向两侧外展。躯干左侧屈，右手伸向天花板。

017 树式变式半月向上式

找到平衡，左手绕过背后至对侧髋关节，抓住向上抬起的足部。将足部向对面的大腿抬起，手握住足，使手和足都固定在髋关节前面。另一只手向上伸直。

018 指触趾指触膝式

找到平衡，双臂在身后靠紧。同侧手放在抬起的足部，抓住屈曲的膝关节。把足从大腿抬起，用另一只手抓住足。将抬起的弯曲的右腿伸到背后，右手握住膝关节，左手握住足。

019 指触趾指触膝倾斜式

找到平衡，双臂在身后靠紧。将抬起的屈曲左腿伸到背后，用左手握住膝关节和足部。在此姿势下，将髋关节向前屈。

良好姿势

确保支撑足向前。这个动作会使髋关节与支撑腿的膝关节发生扭转。所以应保证髌骨朝前。

020 高举双臂式

在树式（#013）中找到平衡，双臂直立向上。双手掌心相对，手指指向正上方。

021

指触趾伸展式

指触趾伸展式是非常重要的一项运动，可以改善平衡能力和灵活性。当执行这个姿势时，最重要的是注意稳固站立的腿。在抬起另一条腿之前要保持站立腿伸直，脊柱拉长。给自己足够的时间来找到平衡，尝试保持该姿势 1~5 次呼吸的时间。

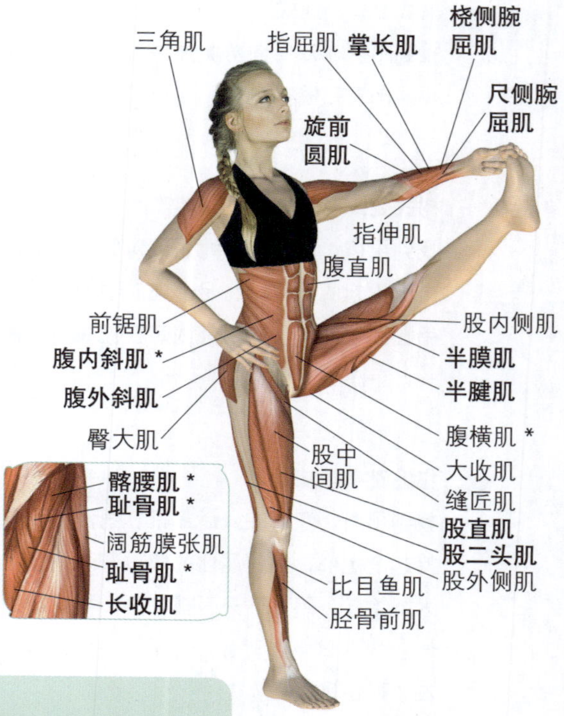

正确姿势

保持脊柱挺直，使肩部与臀部在一条直线上。保持臀部平整，将平衡腿的足跟碾到地板上有助于保持平衡。

注意

当试图抬起腿时，不要让臀部向上倾斜。避免锁住膝关节或让膝关节内旋。

注释

粗体字表示收缩的肌肉

黑体字表示伸展的肌肉

* 表示深层肌肉

- 从山式（#001）开始。把重心移到右足，抬起左膝。右手放在髂腰部保持平衡。
- 用左手抓住左踇趾，两个手指位于踇趾外侧，拇指环绕在踇趾内侧。
- 轻轻转动右侧大腿，加固支撑腿。呼气，将左腿伸直。屏息 1~5 次后再重复此动作。

022 单腿垂直伸展式

从山式（#001）开始，双手放在臀部后面。一侧膝部抬到胸前，向前方伸直腿，与髋关节呈一条直线。足趾指向上。

023 腿侧伸展式

从指触趾伸展式（#021）开始。呼气时，将你的左腿向同侧抬高伸直。屏息 1~5 次后换另一侧腿。

024 向上伸展式

把重心移到左足，抬起右腿。用双手抓住右足。左侧大腿略微内旋，加固支撑。呼气时，将右腿向同侧抬高伸直，双手向上拉伸。

025 耸立式

把重心移到左足，抬起右腿。用双手扣住右足跟。左侧大腿略微内旋，加固支撑。呼气时，将右腿伸直，双手举向上。躯干向右侧屈。

026 指触趾变式

从山式（#001）开始，双手紧贴髋关节支撑。一侧膝部抬到胸前。找到平衡，尝试将腿伸向外侧，足趾远离身体。

027 扭转伸展式

把重心移到右足，左腿向上抬起。把左手放在髋关节处。用右手抓住左足趾。右侧大腿略微内旋，支撑腿加固。呼气，左腿伸直从身体前方指向右侧。左臂伸直。

028 天堂鸟式

把重心移到左足，右腿向上抬起。左侧大腿略微内旋，加固支撑。呼气，将右腿伸直，向右伸展。将左臂绕到背部，右臂绕过右侧大腿，双手放在抬起的大腿后部。

029

三角式

三角式是大多数瑜伽流派中站式的典型姿势。该动作可降低压力及增加稳定性。这个姿势在拉伸腰部肌肉的同时可以拉伸腘绳肌及臀部肌肉。

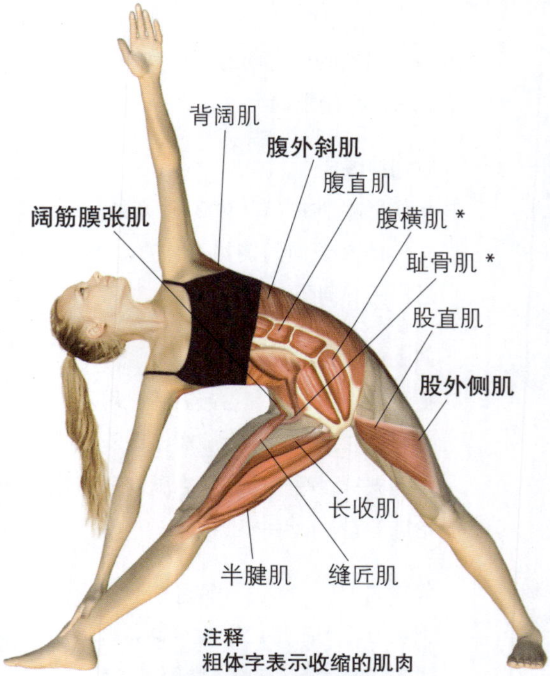

注释
粗体字表示收缩的肌肉
黑体字表示伸展的肌肉
* 表示深层肌肉

正确姿势
保持双臂和腿伸直。吸气时伸展脊柱，呼气时扭转。

注意
如果你有低血压或头痛，请注意这种姿势。颈部受伤或僵硬的人不要试图将头转向天花板。可以将目光直视前方或注视地面。

- 身体直立，双臂外展。左足向后移十几厘米并且略微外翻。
- 躯干向前屈曲，直到躯干与地面平行。
- 右手放到右腿的胫骨前。
- 头部伸展，面朝天花板。保持这个姿势 30 秒，然后再换另一边。

030 三角变式

右手向下移动接触地面，放在右足外侧。

031 侧角扭转结合足部伸展式

这是一个舒缓的扭转动作，可以拉伸整个身体。它有助于消化器官解毒，同时舒缓心灵和改善全身协调。

呼吸控制

在瑜伽练习中，同样要注意身体移动和呼吸动作配合。呼吸可以指导身体锻炼。一旦呼吸与动作相结合，便可建立一种运动的冥想形式。

- 从三角式（#029）开始，双腿外展，躯干右回旋并向下移动，从而使肩部垂直于地面。
- 左侧前臂屈曲，伸手抓住右侧足踝。
- 右臂绕过背部下方去触摸左侧髋关节。保持这个姿势15~30秒，然后躯干向相反方向回旋。

032 扭转三角式

双腿外展，双臂同时外展。呼气，在靠近臀部位置躯干向左回旋，左手下垂到右足外侧的地板上。伸直右臂垂直向上。

033 伸展侧三角式

从三角式（#030）开始，继续在腰部回旋，将外展的右臂平行于地面伸展。这个动作主要针对回旋肌群。

034 加强侧伸展准备式

保持左足与右足的前后间距约 90 cm，双足跟处于一条直线上。呼气时，躯干在近臀部处屈曲，使躯干平行于地面。双手放到左小腿上休息。

035 加强侧伸展结合双臂伸展式

该姿势主要拉伸前方腿的腘绳肌。同时它也可以拉伸后方腿的腘绳肌，这是由骨盆、髋关节和后方足的位置决定的。

- 保持左足与右足的前后间距约 90 cm，双足跟处于一条直线上。
- 呼气，在臀部躯干屈曲，使躯干平行于地面。双臂挺直指向前方。

036 扭转加强侧伸展式

保持左足与右足的前后间距约 90 cm，双足跟处于一条直线上。呼气时，在近臀部躯干屈曲并向前平移，使躯干平行于地面。找到平衡，躯干向左回旋。将右臂绕过左侧大腿，并在胸前双手合十。

037 束手伸展侧三角式

右足伸向左足前面。呼气，在近臀部处躯干屈曲并向前平移，使躯干平行于地面。将左臂绕过背部触及对侧髋关节，右臂环绕到左大腿前面。十指相扣。

良好姿势

保持髋关节稳定。让脊柱回旋移动到瑜伽垫前面，而不是让髋关节扭动。

038 扭转祈祷式

保持左足与右足的前后间距约 90 cm。呼气，在近臀部处躯干屈曲并向前平移，使躯干平行于地面。找到平衡，让躯干向左扭转。双臂屈曲，双手合十并做祈祷手势置于胸前，视线向上移动。在练习祈祷式时，需确保双手位于胸前，不要让肩部向任何一侧偏移。

039 扭转束缚三角式

保持左足与右足的前后间距约 90 cm，双足跟处于一条直线上。呼气时，在近臀部处躯干屈曲并向前平移，使躯干平行于地面。双手置于前方小腿。找到平衡，将置于小腿的双手举起。右臂绕过背部触及对侧髋关节，左臂环绕到右侧大腿后方。双手在臀部后方十指相扣。

040

半月式

注释
粗体字表示收缩的肌肉
黑体字表示伸展的肌肉
* 表示深层肌肉

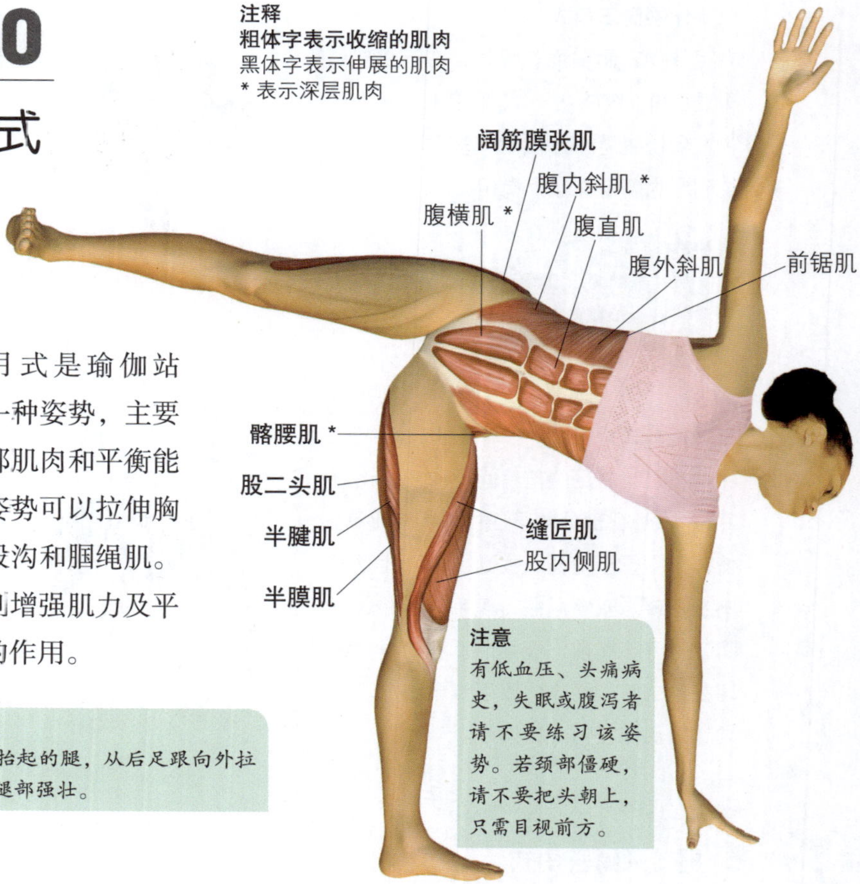

半月式是瑜伽站式中的一种姿势，主要针对腿部肌肉和平衡能力。该姿势可以拉伸胸部、腹股沟和腘绳肌。同时起到增强肌力及平衡能力的作用。

正确姿势
试图拉伸抬起的腿，从后足跟向外拉伸，保持腿部强壮。

注意
有低血压、头痛病史，失眠或腹泻者请不要练习该姿势。若颈部僵硬，请不要把头朝上，只需目视前方。

- 身体直立，左足向前伸直，双臂在躯干两侧伸直。
- 把身体重心移到左足，躯干向前屈曲，右腿从地面抬起。躯干屈曲至背部与地面平行。右腿后伸。
- 躯干右回旋。左手向下移动，掌心与地面接触。右臂挺直向正上方伸展。

041 半月祈祷式

从半月式（#040）开始，找到平衡。将接触地面的手抬起，双手环抱在胸前，掌心相对。

042 背后祈祷半月式

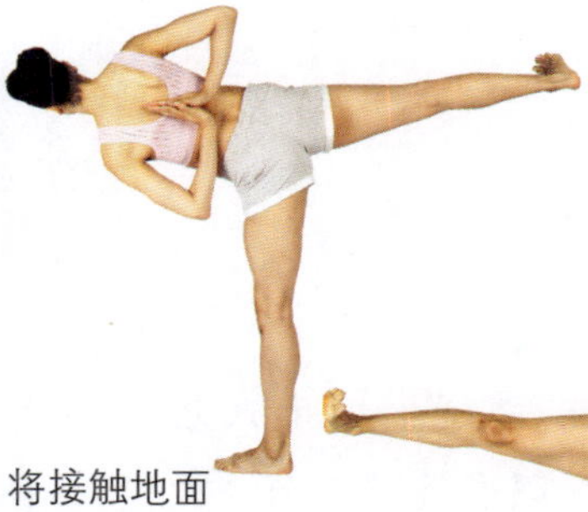

在半月式（#040）中找到平衡，将接触地面的手抬起，双臂向后伸。双手外侧紧贴背部，掌心相对做背后祈祷式。

043 束手半月式

在半月式（#040）中找到平衡，将接触地面的手抬起，置于髋关节下方。将对侧手臂置于背后，在髋关节后面两手相握。

044 半月准备式

为了让姿势更容易改变，可以把手放在瑜伽砖上，而不是直接触地。这样有助于克服支撑腿难以挺直的问题。使用瑜伽砖的长边或短边都可以。

045 半束手莲花式

抬起右足并背屈。双手把右足抬起至左髋处。左手抓住右足，右手从背后绕过抓住右足。然后放开左手，腰部开始向前屈，头和肩部向地面移动，左手伸向地面。

046 半束手莲花结合半月式

该运动是一个站式平衡，可以使人头脑冷静，给人一种镇定感。对身体而言，该运动可以增强肩关节、胭绳肌、髋关节、膝关节及踝关节的灵活性。

- 把右足从地上抬起，身体向前屈。
- 双手抓住右足，放在左髋关节处。用右足抵住左臂。左手背绕过身体背部，抓住右侧大腿。
- 在腰部躯干向前屈，头和肩部向地面移动，右手伸向地面。

047

勇士一式

勇士一式是三个勇士式之一。该姿势可以锻炼踝关节、大腿及背部的肌肉力量和稳定性，同时拉伸身体前部。这个姿势可以深度拉伸胸部及肺部，使身体保持活力。它也可以促进注意力的集中。

正确姿势
双足牢牢固定，双肩直立在臂部之上。双手向上拉伸，从而伸展脊柱及手臂。

注意
避免后方腿的膝关节内旋或外旋。

注释
粗体字表示强化的肌肉
黑体字表示拉伸的肌肉
* 表示深层肌肉

- 保持左足与右足的前后间距约 90 cm，双足跟处于一条直线上。
- 右足外旋，身体朝向瑜伽垫上角，保持足跟与足跟对齐。
- 呼气，左膝关节屈曲，使髋关节向下。
- 手臂向上抬起，躯干和手臂形成一条垂直于地面的直线。
- 保持该姿势 1~5 个呼吸的时间。

益处
增强耐力。锻炼肩部、手臂、大腿、踝部和小腿的肌肉。拉伸腹股沟、胃、胸部及肩关节。

048 束手勇士式

从勇士一式（#047）开始，躯干向右侧回旋。将右臂从背后伸向左侧大腿。将左臂放在大腿下面。试着将十指相扣。

049 勇士一式背弯

从勇士一式（#047）开始，头部及肩部向后伸。保持双臂挺直向后伸。

050 勇士一式开胸

从勇士一式（#047）开始，双臂挺直后伸，双手十指相扣。腰部后伸，保持双手紧握。

051 叩首背后祈祷勇士式

从勇士一式（#047）开始，双臂后伸，双手内侧紧贴脊柱后部做祈祷手势。腰部向前屈，使胸部与膝部贴近。

052 叩首深刺式

该动作称为谦卑勇士。由于其保持鞠躬的姿势，可以与其他的勇士式区分，腰部前屈的姿势可以集中注意力。

- 从勇士一式（#047）开始，双臂挺直后伸，双手各自握住对侧肘关节。
- 保持双臂的姿势，腰部前屈，头部垂向地面。

053 反向勇士式

从勇士一式（#047）开始，头部及肩部后伸。当身体向后伸时，右臂放到右小腿下方。保持左臂向上抬高。

054 踮脚勇士式

该姿势为勇士式（#047）的变式。将前方足跟抬高，脚尖着地。在整个运动中要一直保持这个姿势。

055

注释
粗体字表示收缩的肌肉
黑体字表示伸展的肌肉
* 表示深层肌肉

勇士二式

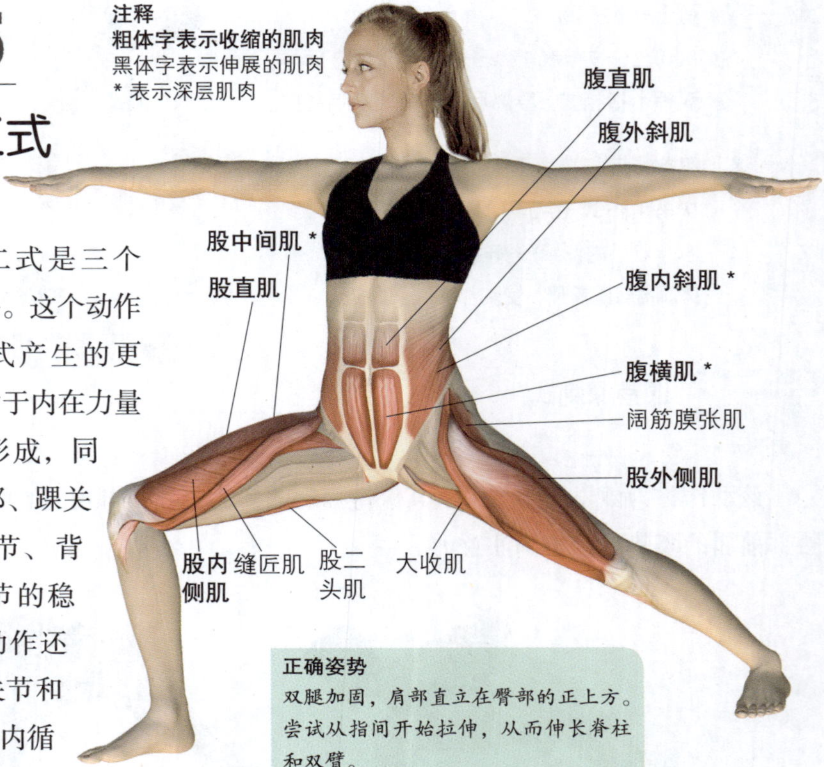

勇士二式是三个勇士式之一。这个动作比勇士一式产生的更早。它有助于内在力量及耐力的形成，同时锻炼腿部、踝关节、髋关节、背部及肩关节的稳定性。该动作还可打开髋关节和胸部，使体内循环得到改善，身体活力得到提升。

正确姿势
双腿加固，肩部直立在臀部的正上方。尝试从指间开始拉伸，从而伸长脊柱和双臂。
注意
避免骨盆前倾。避免弓背。

- 右足在前，左足在后，两足间距保持约 90 cm。左足外旋 90° 。
- 慢慢地将右膝屈曲，髋关节向下移动。
- 提拉躯干，使脊柱伸长，肩部保持在髋关节的正上方。
- 保持双臂向两侧平举，平行于地面。
- 找到一个中立的姿势，保持该姿势 1~5 次呼吸的时间。

056 背后扭转式

从勇士二式（#055）开始。躯干下沉，脊柱向右回旋。右臂后伸到背部和髋关节。左臂绕过右侧大腿握住右手。

057 背后扭转祈祷式

从勇士二式（#055）开始。躯干下沉，脊柱向右回旋。双手放在胸前，掌心相对做祈祷式。左侧肘关节放在右膝外侧。

058

战斗勇士二式

所有勇士式的动作都是为了培养勇士的思想——通过对身体、心灵及情感的限制，只需保持集中工作的过程，不依附结果。

- 从勇士二式（#055）开始，左膝关节向下屈曲直至与地面接触。
- 躯干向左回旋，右侧肘关节向下移动放到右侧膝关节上。
- 左臂伸直，抬头凝视。

059 双手叉腰式

从勇士二式（#055）开始，把双手放在臀部后面。轻轻地挤压臀部从而使髋关节在站立时更充分地打开。

060 叩首勇士二式

从勇士二式（#055）开始，将躯干与肩部向下弯曲至前腿膝关节处。

061 上束手叩首勇士二式

从勇士二式（#055）开始，双臂后伸，十指相扣。将双臂沿脊柱向上抬起。保持十指相扣，头部及肩部弯向地面。

062

勇士三式

注释
粗体字表示收缩的肌肉
黑体字表示伸展的肌肉
* 表示深层肌肉

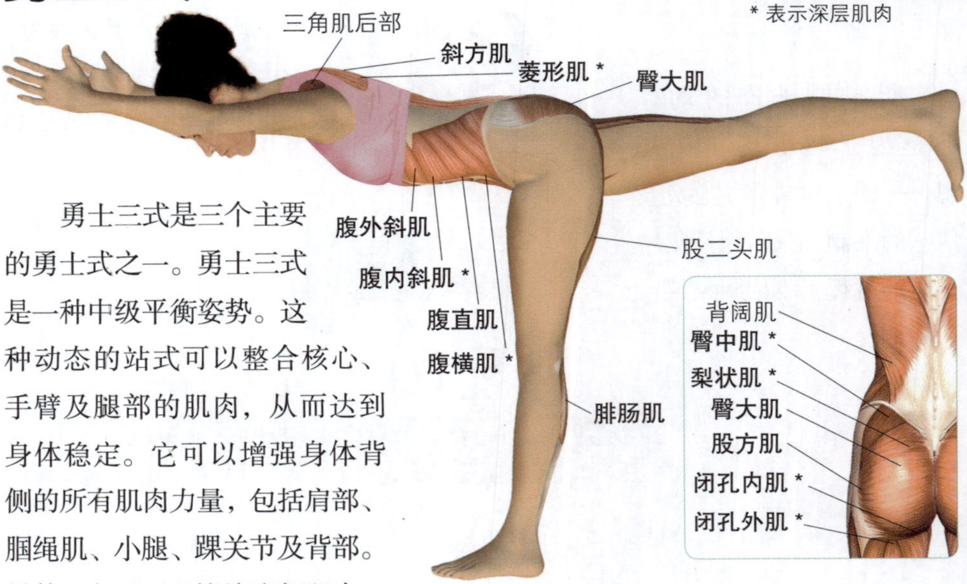

勇士三式是三个主要的勇士式之一。勇士三式是一种中级平衡姿势。这种动态的站式可以整合核心、手臂及腿部的肌肉，从而达到身体稳定。它可以增强身体背侧的所有肌肉力量，包括肩部、腘绳肌、小腿、踝关节及背部。另外，它还可以锻炼腹部肌肉。该动作可改善平衡能力、体态及协调性。

正确姿势
保持髋关节直角屈曲，通过抬起指尖及足跟试着将身体拉长。
注意
不要让抬起的腿部弯曲或失去力量。

- 从山式（#001）开始，左足迈向前方。双臂从肩关节处向上抬起。
- 右足跟抬起，将身体重心置于左足。
- 保持右腿挺直撑地，躯干前倾，然后右腿向后伸，直至与臀部齐平。
- 双臂伸过头顶。

益处
改善平衡。加强踝部、小腿、大腿、脊柱、核心肌肉和肩部肌肉的力量。拉伸大腿。

063 侧臂式

在勇士三式（#062）动作变化的过程中，保持手臂位于躯干两侧。这个动作对平衡能力的挑战性更强。

064 勇士背后祈祷式

从勇士三式侧臂式（#063）开始，双臂向背后举起，掌心相对做背后祈祷式。保持双臂的这个姿势，躯干先前屈，变为勇士三式（#062）。躯干继续弯曲，腿向上抬，使腿与躯干呈一条直线。

065 缠绕双臂式

从勇士三式（#062）开始，将左腿抬过头，足部跖屈，两侧前臂在肘关节处屈曲90°，右侧前臂缠绕左侧前臂。

066 半莲花式

在勇士三式（#062）动作变化的过程中，左足抬起顶在右侧大腿上。找到平衡后，双臂伸到头部上方，身体向前折叠成勇士三式。

- 学会完成勇士三式（#062）及其演变的动作有很多挑战性的好处。
- 学会在该姿势中保持平衡需要多方面的力量及技巧。
- 不要害怕摔倒！再试一次。有了耐心和奉献精神，才能学会用慈悲及决心去面对生活中的所有挑战。

067 单腿向上伸展式

从勇士三式（#062）开始，身体继续向前屈曲，双手触地。身体进一步弯曲，头部垂向地面，头部沿腿向下伸展。保持被拉伸的腿挺直。

068 单腿支撑耸立式

从勇士三式（#062）开始，继续向前屈，双手置于支撑足两侧的地面。前额朝下并向小腿靠近。保持被拉伸的腿挺直。

069 单腿不支撑耸立式

从勇士三式（#062）开始，继续向前屈，双手握住支撑腿的踝部。前额朝下并向小腿靠近。保持被拉伸的腿挺直。

070 叩首敬仰式 1

从勇士三式（#062）开始，屈膝上提至胸部。用同侧手抓住足趾，将手臂及腿水平伸直。对侧手臂也做平伸。

- 该姿势不仅可以锻炼腿部平衡能力及肌肉力量，还可以将髋关节进一步打开。
- 髋关节紧张表现为腰背疼痛、肌肉僵硬、不能完成我们曾经能够行走的距离。
- 对于久坐的上班族来说，髋关节屈肌群及回旋肌群会变得紧张，肌力减弱。这种情况会加速减损人们行走、保持良好的体态及脊柱稳定性的能力。
- 髋关节打开有助于修复这些肌肉力量的不平衡，增加髋关节的运动范围。

合十礼（Namaste）

Nama 意为“叩首”，也意为“我”，te 意为“您”。因此，合十礼意为“我向您叩首”。为完成合十礼，需要把双手放在胸部接近心脏的位置，闭上双眼，低头。这是一种深切的尊重。

071 叩首敬仰式 2

从勇士三式（#062）开始，屈膝上提至胸部。用同侧的手抓住足趾，然后将手臂及腿平伸。另一只手握住支撑腿的足趾。

072 叩首敬仰天堂鸟准备式

从勇士三式（#062）开始，在腿部平伸之前，屈膝上提至胸部。同侧手臂水平伸直，从腿部下方缠绕。保持另一只手臂平伸，从而保持平衡。

073 叩首敬仰天堂鸟式

从勇士三式（#062）开始，在腿部平伸之前，屈膝上提至胸部。同侧手臂平伸，肘关节屈曲，置于髋关节后方。另一侧手臂伸向后背，在髋关节后部握住对侧手。

074

伸展侧角式

伸展侧角式可以减轻背部及肩部的僵硬。它可以锻炼很多肌群，包括腿部、踝关节、胸部、肩部、脊柱及腹部。该动作可以拉伸身体的一侧，同时伸展腹股沟。

正确姿势

在此姿势过程中要保证两足跟着地。从被拉伸的腿至抬起的手臂需保持一条直线。

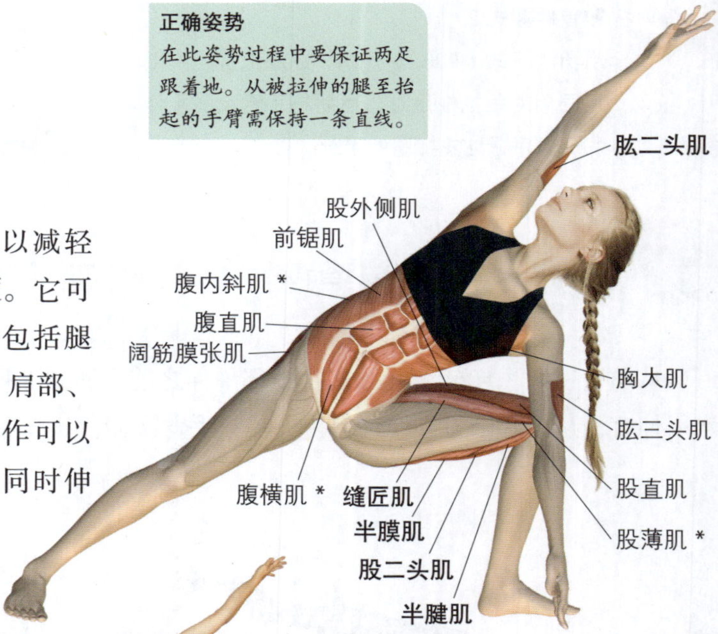

注释
粗体字表示收缩的肌肉
黑体字表示伸展的肌肉
* 表示深层肌肉

注意

如果有低血压、头痛病史，失眠或腹泻，不要做该姿势。颈部僵硬的人不要头朝上目视天花板，可以选择目视前方。

- 双脚站立，与肩部同宽。右腿外展，身体下蹲。
- 把左手放在左足前的地面上。
- 右臂挺直伸展，躯干向左侧屈。
- 视线向天花板移动，保持这个姿势 15 秒，再换另一侧。

075 伸展侧角准备式

左足在前，右足在后，两足间距保持约 90 cm。保持两足足趾方向相同。双手举过头顶，手掌紧贴。髋关节屈曲，使躯干平行于地面。

076 三角变式 1

伸展侧角准备式的变化主要作用于股四头肌、腘绳肌及腹部肌群。要保持脊柱与地板平行，并且保持这个姿势 15~30 秒。

Yamas 和 Niyamas

瑜伽的传统练习归为八个“肢体”，它可以帮助你实现与神的（Divine）结合。前两个肢体是雅玛斯和尼亚玛斯。五个 *yamas*（翻译为“限制”）是类似于十条诫命的伦理规则的形式。*niyamas* 是人们重视和培养的特点。

- 从伸展侧角（#074）动作准备，双足分开，面向前方。双臂后伸，肘关节屈曲。
- 右手放在左臂肱二头肌下方，左手放在右臂肱二头肌下方。
- 保持此姿势 15 ~ 30 s，然后左右手姿势交换。

077 三角变式 2

右足在前，左足在后，两足间距保持约 90 cm。保持两足足趾方向相同。手臂后伸，做智慧手印（Gyan Mudra）手势。髋关节屈曲，使躯干平行于地面。

078 双臂变式

双足并肩站立。右腿外展、深蹲，从而降低身体重心。把手臂举过头顶，双手合十呈祈祷姿势。双臂伸展，躯干侧屈。

079 踮足变式

双足并肩站立。右腿外展、深蹲，从而降低身体重心。左足腾空，足尖撑地。左手放在左足旁边，躯干向左侧偏移。

080 踮足结合双臂伸展变式

双足分开站立。左腿向同侧外展，左侧膝关节屈曲、足趾撑地。右腿伸展，右侧足趾位于正前方，足底加固。双臂举过头顶，双手合十，上半身侧屈，保持右腿与躯干、头部处于一条直线上，双手伸展。

081 束缚伸展变式

双足分开与肩同宽站立。左腿外展，然后深蹲。右手放在右足前的地面上。躯干向右侧屈，左手臂伸向髋关节。将右手从地上抬起，与左手相扣。

082 扭转侧角准备式

从伸展侧角式（#074）开始，躯干回旋至左腿膝关节处。一只手从膝关节下方环绕膝关节。然后，与另一只手合十做祈祷式，双手位于大腿前方。

循序渐进

有些人在他们年轻的时候开始练习瑜伽，而有些人很晚才开始练习。熟练掌握瑜伽，甚至是一个姿势都需要花几年时间。如果没有做好准备而试图勉强做一个姿势，就可能会受伤。虽然朝着目标努力很重要，但是也要理解瑜伽的练习是一个需要时间的过程。

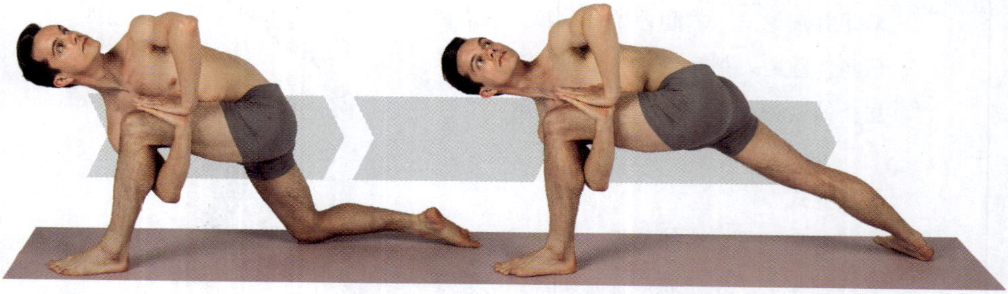

083 扭转侧角式

扭转侧角动作涉及大量的旋转及拉伸姿势。它可以锻炼腿部肌肉，拉伸肩部和上臂，打开髋关节，改善平衡感。

- 双足外展站立，与肩部同宽。
- 右腿外展，深蹲，躯干屈曲。
- 将右手放在左足侧的地面上。
- 躯干左回旋靠在膝关节上，左臂举过头顶。
- 保持该姿势 15 秒，然后换为另一侧。

084 束手扭转侧角式

该姿势可以锻炼及拉伸腿部、膝关节及踝关节，拉伸腹股沟、脊柱、胸部、肺部和肩关节。它还能刺激腹腔内的器官，增强耐力，改善平衡能力。

- 两足分开站立，与肩部同宽。左腿外展，深蹲。
- 将左手放在右足侧的地面上。躯干右侧回旋倚靠膝关节。
- 右臂从背后缠绕。将左手从地上抬起，伸到右膝部下方，握住另一只手，从而环抱膝关节。
- 抬头凝视天花板。保持这个姿势 15 秒，然后换到另一侧。

085

扭转椅式

椅式（#012）是瑜伽站式的一种，可以锻炼大腿、臀部及髋关节。该姿势在椅式基础上增加回旋，在提升平衡能力的同时可以拉伸脊柱、肩部及胸部。此动作可拉伸身体两侧及肩部的肌肉，同时脊柱向下旋转。

正确姿势

平衡身体，将重心置于双足跟，而不是双足趾。

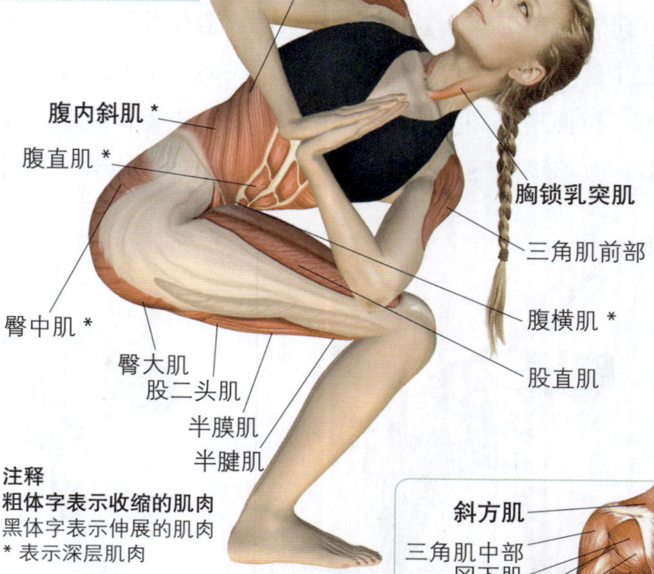

注释

粗体字表示收缩的肌肉

黑体字表示伸展的肌肉

* 表示深层肌肉

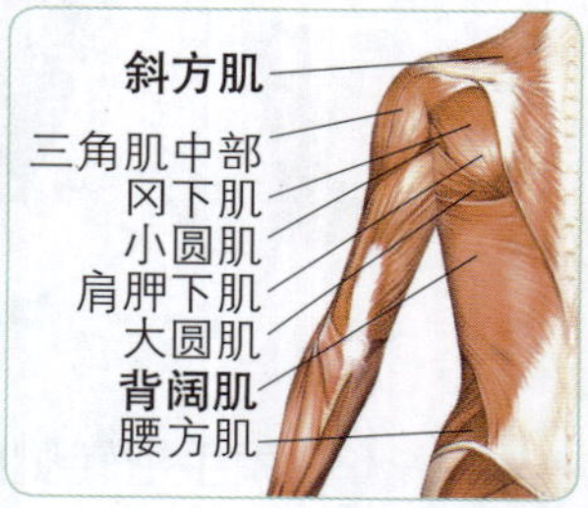

注意

不要弓背或者挺直背部。试着在背部下方保持一条轻微的曲线。

- 双足并拢，双膝关节屈曲。髋关节屈曲并与膝关节齐平。双臂向上举起。
- 躯干扭转，左肘屈曲置于右膝。
- 双手呈祈祷式，双目向上凝视。
- 保持该姿势 10 秒，再换另一侧。

086 暮光一式

练习扭转椅式可帮助器官解毒，身体核心加温，增强脊柱及腿部的力量。它可以在瑜伽练习时增添多样性，增强平衡，并可在日常生活的各方面集中精力。通过扭转可提高身体和心理的灵活性！

简化变式

如果练习者脊柱和肩关节不够灵活，腹部或胸部过大，在扭转椅式（#085）中很难把指间置于对侧足外侧的地板上。取而代之，可以把瑜伽砖放在足的外侧，手与瑜伽砖接触。或者，指尖触及同侧足的外侧，或在同侧足外侧放置一块瑜伽砖。

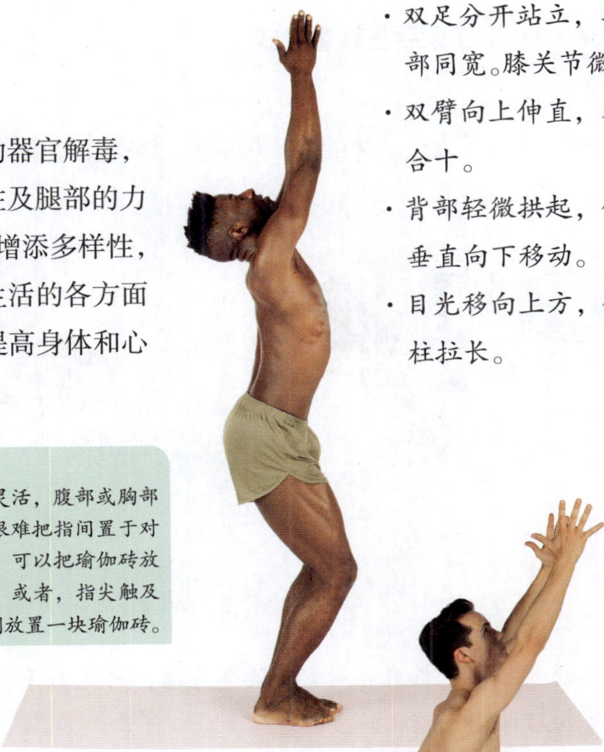

- 双足分开站立，与肩部同宽。膝关节微屈。
- 双臂向上伸直，双手合十。
- 背部轻微拱起，臀部垂直向下移动。
- 目光移向上方，使脊柱拉长。

087 暮光二式

双足分开站立，与肩部同宽。膝关节微屈。双臂向上伸，手指张开，手掌相对。背部略屈，双膝屈曲，臀部向下移。将视线向上移动，伸展脊柱。

088 扭转暮光式

从暮光二式（#087）开始，双臂屈曲，置于胸前，做祈祷姿势。躯干回旋至一边，肘部置于对侧膝关节外侧。

089 双手束手扭转暮光式

该姿势可以挑战平衡能力，增强脊柱灵活性，伸展肩部及腰部。

- 双足分开站立，与肩部同宽。腰部弯曲，与地面平行。
- 双臂向后伸，十指相扣。
- 尝试双手束手沿着脊柱向头部移动。
- 胸廓上提，视线向上移动。

090 手腕过伸扭转束手式

双足分开站立，与肩部同宽。膝关节微屈，左手触地，手指指向足趾。右臂从背后绕至对侧髋关节。背部下方稍微拱起，躯干向右回旋。视线移向上方，伸展脊柱。

091 扭转式——献给 Shankara

双足分开站立，与肩部同宽。膝关节微屈。右手下移，置于左足的左侧。左臂伸过头顶。躯干向左回旋，视线移向上方，伸展脊柱。

092 扭转暮光式（双手置于头后部）

双足分开站立，与肩部同宽。膝关节微屈。双臂屈曲，双手置于头后。躯干左回旋，将右肘关节置于左膝的外侧。视线移动至上方，伸展脊柱。

093 单手束缚扭转暮光式

该动作是一个深度扭转的站式。它可挑战你的平衡能力，加强腿部及核心肌群力量。它也有一个被人熟知的英文名称——“单手扭转椅式”。

- 双足分开站立，与肩部同宽。膝关节微屈。
- 臀部下蹲。左臂向后缠绕背部，握住右侧大腿或上臂。
- 躯干向左回旋，右手置于胸前。
- 视线移向上方，伸展脊柱。

094 双腿束手扭转暮光式

双足分开站立，与肩部同宽，臀部下蹲。一侧手臂伸展，围绕腿部。向上伸的手臂围绕背部，双手手指相扣。胸廓上提，视线移向天空。保持这个姿势 15 秒，再切换另一侧。

第二章

前弯式

前弯式、坐式及站式都是瑜伽的关键组成部分。前弯式可以营造脊柱的空隙及长度，拉伸腘绳肌、小腿三头肌及臀部，增强大腿及膝关节，它同时可以促进身体下部的柔韧性，帮助练习者维持这些和其他姿势，进行校准。这些动作可以镇静大脑、缓解压力、减轻轻度抑郁症；刺激肝和肾，促进消化。此外，该动作还可以减轻更年期症状，缓解头痛及失眠。

095

加强侧伸展式

该姿势可以拉伸肩关节、脊柱及腘绳肌。它还可以增强腿部肌肉，促进消化。如果你患有高血压、脊柱损伤或背部不适请不要练习该姿势。

注释
粗体字表示收缩的肌肉
黑体字表示伸展的肌肉
* 表示深层肌肉

正确姿势
在完成弯曲时，胸部要贴在大腿上，颈部位于中立位置。

注意
不要抬起足跟，弯腰时不要佝背，臀部不要后倾。

如果做不到背后祈祷式，可以把双臂放在背后，用一只手勾住另一侧的肘部。

- 从山式（#001）开始，双臂屈曲，置于背后，双手做反向祈祷式。
- 呼气，右腿向前移动 90 cm。位于后面的足略微外旋，躯干左旋，夹紧尾骨。
- 呼气，使躯干前倾并保持后部挺直；躯干在腰部屈曲，与右侧大腿紧贴，双足保持平直。保持该姿势 15~30 秒，换左腿重复此动作。

096 加强侧伸展准备式

这个加强侧伸展式的变式不仅对核心肌群有效果，对肩部、脊柱及腿部的肌群也有效果。

- 练习加强侧伸展式（#095）需要双腿加固，躯干在腰部弯曲，右侧手臂伸直，肩关节屈曲，与地面平行，超过左足，手指呈智慧手印式（Gyan Mudra）。
- 左臂翘起，手指放在左侧腹部。

097 加强侧伸展指触趾式

练习加强侧伸展式（#095）需要双腿加固，身体向前拱起，足跟支撑着地，足趾腾空。双臂向下伸直，双手触摸足趾。保证背部及头部挺直。

098 加强侧伸展双手触腿式

随着左腿向前移动，躯干倚靠在左侧大腿上。双臂从右腿后部环绕。保持该姿势 15~30 秒，然后换另一侧腿重复此动作。

099 加强侧伸展前额触小腿式

从加强侧伸展双手触腿式（#098）开始伸展腿部，躯干在腰部屈曲，双手抓住左侧踝关节。前额置于左侧小腿上。

100 一侧伸展双手向下式

该姿势与许多前弯式一样，需要背部及腹部肌群的柔韧性。确保先做一些柔韧性的热身运动。

- 保持加强侧伸展式（#095）的腿部位置，左腿向前，躯干在腰部屈曲，紧贴左侧大腿，前额置于小腿上。
- 手做智慧手印式，置于地板上。背部挺直，头部略微抬起，右足向后伸。
- 保持该姿势 15~30 秒，换成右足在前。

101 一侧伸展扭转祈祷式

腿部距离加大。躯干在腰部向右侧回转、侧屈，使肩关节与地面垂直。右臂置于左膝关节下方，环绕膝关节，双手合十做祈祷式。

102 一侧伸展腿后祈祷式

左腿迈向前方，伸直，躯干屈向左侧膝部，头部略微抬起。双臂环绕左侧膝部，双手做祈祷式，手指指向面部。

足跟对足跟排列

这是两足分离的姿势。如果你从一只足到另一只足画一条直线，足跟会沿着同一条线落下。

103 高低腿踮足式

此加强侧伸展式（#095）的变式包括身体与手臂的反向伸展，该动作可以锻炼腹部、身体侧面及肩部。

- 左腿伸直，右腿迈向前方，左足跟向上抬起，躯干在腰部屈曲，与地面平行。
- 右臂挺直外展，左臂向下移动碰触地面；双手做智慧手印式。
- 保持该姿势 15~30 秒；切换至左腿在前重复此动作。

104 扭转侧捻式

右腿伸直，躯干右侧屈曲，肩部置于右膝。左手握右侧踝关节，右手抓住右足趾。

105 一侧伸展双手束手上举式

做此动作时，一定要注意背部拱起及头部抬起。

- 右腿伸直，躯干倚靠在右侧大腿上，双臂置于背后。
- 膝部微屈；十指相扣，双臂挺直向前移动。
- 保持该姿势 15 ~ 30 秒，切换至左腿，重复此动作。

106

半前弯加强脊柱伸展式

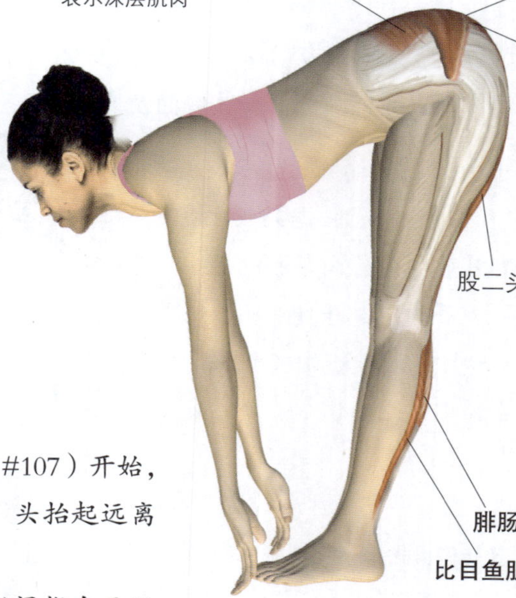

也称站立前屈式，此动作的开始姿势主要拉伸脊柱、腘绳肌、小腿及臀部；加强脊柱和大腿，改善体态。

- 从前弯加强脊柱伸展式（#107）开始，躯干屈至大腿上，吸气，头抬起远离腿部。
- 背部平直，伸直手臂，指间指向足趾前方。
- 保持该姿势 10~30 秒。

正确姿势
如果腘绳肌僵硬，在躯干屈曲的过程中可以让膝关节略屈；然后再慢慢伸直膝关节。

注意
此姿势中避免脊柱弯曲。当你向前看时，颈部保持前伸状态。

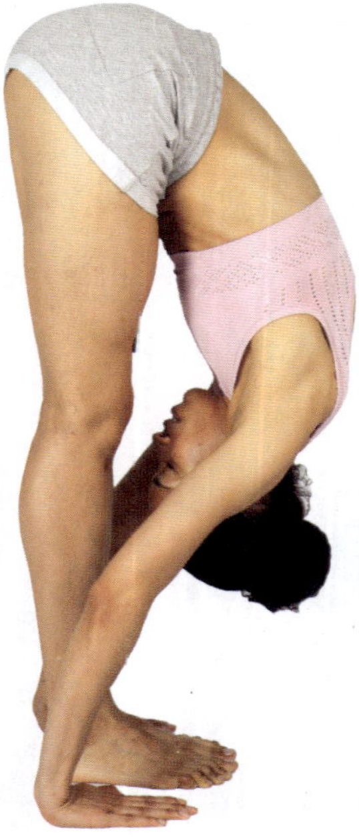

107 前弯加强脊柱伸展式

该姿势是半前弯加强脊柱伸展式的准备式（#106），它可以拉伸脊柱、臀部、腘绳肌及小腿；锻炼脊柱及大腿。

- 从山式（#001）开始，双手抬高，指向天花板。
- 呼气，躯干屈至大腿，手臂随之向下移动。
- 手掌紧贴地面，置于双足两侧。当你呼气时，脊柱拉伸，尾骨朝向天花板。保持该姿势 30~60 秒。

108 加强伸展一式

从前弯加强脊柱伸展式（#107）开始，用右手握住右足趾，腿向上拉伸，膝关节挺直，足跟向下。保持左手指尖抵住地板，从而保持平衡。

109 加强伸展二式

该姿势还包括侧拉伸和交叉紧握。确保在该姿势中头部及颈部放松。

- 从前弯加强脊柱伸展式（#107）开始，手掌向下，右手紧贴地板，左手内收抓住右足的外侧，把右足从地板上抬起，保持膝关节伸直。
- 保持该姿势 15~30 秒，切换至另一侧腿。

110 加强伸展三式

从前弯加强脊柱伸展式（#107）开始，上半身屈曲，尽可能贴紧双腿，然后双手伸向后方置于小腿两侧，手臂伸直，手指张开。

注意躯干弯曲

当躯干向大腿屈曲时，记住要保持背部挺直，腹部向脊柱紧贴。

111 手抱足掌前弯伸展式

从前弯加强脊柱伸展式（#107）开始，背部略微弯曲，双手置于足趾前方；双手移动至双足下方，手掌朝上。保持该姿势 15~30 秒。

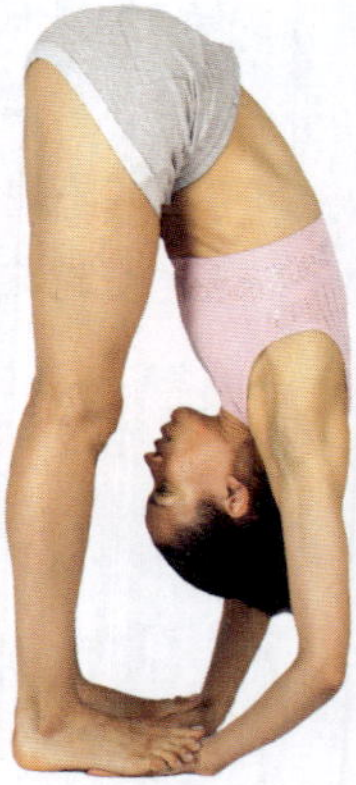

112 双臂交叉式

该姿势是前弯加强脊柱伸展式的变式，肩部、颈部、脊柱及腹部肌群都参与此动作。如果双手握足有困难，可以使膝关节略屈。

- 从前弯加强脊柱伸展式（#107）开始，头朝下，躯干靠紧大腿，略微上移，肘关节依靠在胫骨上。
- 前臂交叉，在踝关节上方形成一个“X”，双手去抓对侧足的外侧，手掌朝向地面。
- 保持该姿势 15~30 秒。

心灵和身体

瑜伽一词又代表统治和合并。这门学科旨在使人的心灵和身体合并练习，从而使心灵和身体彼此深入地同步。这是通过瑜伽呼吸、姿势和冥想 3 个主要构成要素来实现的。

113 加强伸展四式

从前弯加强脊柱伸展式（#107）开始，腿向前迈一步，躯干从大腿上移开，手臂放在头顶，一只手抓住另一侧的肘关节。保持该姿势 15~30 秒。

114 双腿交叉式

从前弯加强脊柱伸展式（#107）开始，双腿在膝关节处交叉，躯干前移，面向前方，双手展开手掌贴紧地板，从而起到支撑身体的作用。保持该姿势 15~30 秒。

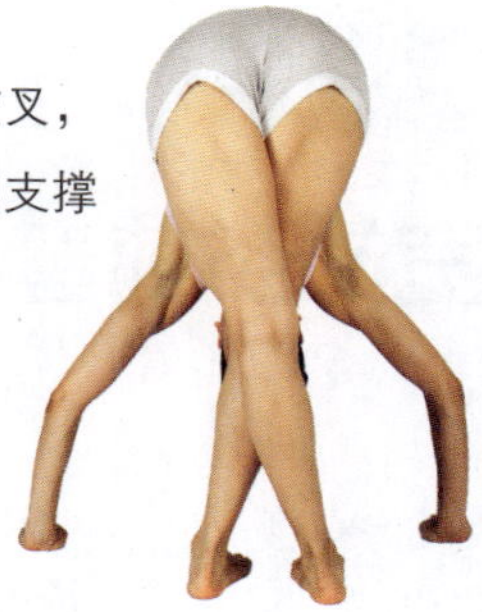

115 加强侧伸展式

躯干侧展结合十字交叉臂可以锻炼肩部、躯干侧面、腹部及下背部的肌群。注意膝关节不要弯曲。

- 从前弯加强脊柱伸展式（#107）开始，双腿外展；躯干向左移动，脸朝向右侧。
- 左手臂向下伸展；左手抓住右侧踝关节的前部。
- 右臂覆盖在头部右侧，向左踝关节外侧移动。保持该姿势 15~30 秒。

116 加强趾尖一式

从前弯加强脊柱伸展式（#107）开始，双腿外展，踮起足尖同时伸直双腿，手指支撑地板，手掌朝前。保持该姿势 15~30 秒。

117 加强趾尖二式

从前弯加强脊柱伸展式（#107）开始，两手置于地板上，手掌朝向地面，两肩外展。同时，踮起足尖从而抬起躯干，足跖屈。保持该姿势 15~30 秒。

118

宽站姿前弯式

正确姿势
腿部肌肉保持收缩，确保足跟紧贴地面。

注意
腰部不要弯曲，颈部不要压缩——保持身体重量置于手掌和双足。

又称为“双角式”，该姿势可以拉伸和加强腘绳肌、腹股沟和脊柱。

注释
粗体字表示收缩的肌肉
黑体字表示伸展的肌肉
* 表示深层肌肉

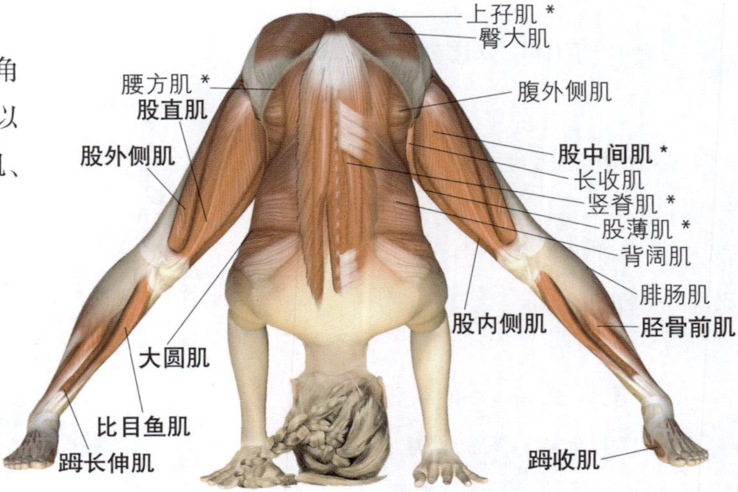

- 从山式（#001）开始，两足分开站立，两足间距离扩大至约 1 米，双足平行。
- 呼气，髋关节屈曲并将身体前弯，手掌撑地，两肩分开。
- 肘关节屈曲，头部顶在地板上。
- 保持该姿势 30~60 秒。

119 半双足打开式

在这个宽站姿前弯式的变式中，确保头部向下，头顶朝向地板。背部弯曲，但要保持肩部打开。

- 从宽站姿前弯式（#118）开始，通过双臂挺直来提升躯干。
- 保证头部向下，头顶朝向地板。保持该姿势 30~60 秒。

120 半双足打开反手式

从宽站姿前弯式（#118）开始，通过双臂挺直慢慢地提升躯干。保证头部朝下；将双手手背置于地板，手指做智慧手印式，两手相对；双足放在两边。

121 双手向后式

从宽站姿前弯式（#118）开始，把身体重心移到双腿上，同时双手伸向两腿之间，手掌与地面平行，手背朝上。保持该姿势 15~30 秒。

122 双手持双踝式

从宽站姿前弯式（#118）开始，重心稍微向后移动。双臂伸向足踝处，从外侧抓住。保持颈部伸展，维持该姿势 15~30 秒。

123 背后祈祷宽站姿前弯式

> **挑战自己**
> 稳定的呼吸可以让你完成大多数姿势，即便是有些让你觉得难以完成的姿势。挑战自己保持该姿势30~60秒，或者5~10个深呼吸。保持这个姿势的时间要长于自己的预期，然后你会发现自己不仅在体力上有所提高，而且在耐力、意志力及信心上也会有所成长。

在此变式中，需将身体重量分布在两侧大腿上。举起双臂，并将身体重心移动到臀部。

- 从宽站姿前弯式（#118）开始，将头部从地面抬起，双臂置于背后，肘关节屈曲。
- 双手做祈祷式，手掌合并，手指朝向头部，双手置于肩胛骨中间，或者尽可能向头部靠近。
- 保持该姿势15~30秒。

124 加强宽站姿前弯一式

从宽站姿前弯式（#118）开始，将头从地板上抬起，身体重心向后移动，双手拇指抵在腰部，握住腰部。

125 加强宽站姿前弯二式

从加强宽站姿前弯一式（#124）开始，放开握住腰部的双手，手指置于背后。双臂伸，远离躯干，如果可以，最好保证双臂与地板平行。保持该姿势15~30秒。

126 扭转半双足打开加强拉伸一式

从加强宽站姿前弯一式（#124）开始，左臂挺直向下，手掌抵住地板，手指向左，然后右臂挺直，伸过头部，手指指向天花板。

127 扭转半双足打开加强拉伸二式

这个姿势又叫作 Parivritta Arda Prasarita Padottanasana。这些姿势有助于改善平衡能力。

- 从加强宽站姿前弯一式（#124）开始，把身体重心向前移动，左肘关节屈曲，前臂撑地。
- 右臂在肩关节处伸展，手指指向天花板。
- 头部回旋凝视右手。
- 保持该姿势15~30秒，换另一侧。

128 踮足半双足打开加强拉伸式

从加强宽站姿前弯一式（#124）开始，把身体重心向前移动，双手手掌撑地，足尖踮起。

129

坐姿前弯式

又叫作 Paschimottanasana，这个开始姿势可以伸展肩关节、脊柱和腘绳肌。众所周知，它可以刺激消化系统，缓解压力及头痛，甚至可以降低高血压。

注释
粗体字表示收缩的肌肉
黑体字表示伸展的肌肉
* 表示深层肌肉

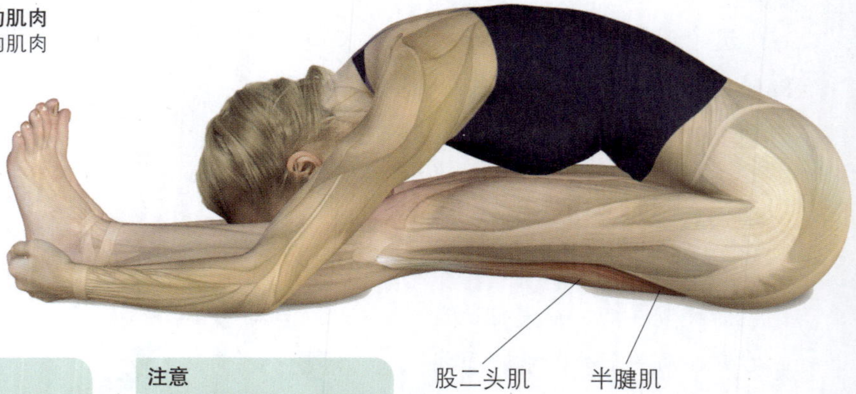

正确姿势
开始时为了有助于前屈，可以在臀部下方放置一个折叠的瑜伽毯。

注意
前屈时不要向背；不要强迫躯干向下移动。

- 从手杖式（#381）开始，来回摇晃从而使坐骨远离足跟。
- 吸气，抬起双臂。呼气，胸骨向前伸展，在髋关节处屈曲。
- 腹部贴近大腿，前额置于胫骨处，双手抓住足底或足踝。保持该姿势 1~3 分钟。

为了更好地完成该姿势，需确保从颈部到臀部将脊柱拉长。保持颈部处于中立位置。

130 西方加强伸展式

这种坐姿前旁式的变式主要集中在拉伸肩关节、踝关节及足趾，同时放松背部。

- 从坐姿前弯式（#129）开始，双手抓住足趾，头在手臂之间略微抬起。
- 屈肘，足趾朝向躯干上部。
- 前额下移置于胫骨之上，双臂伸直。
- 保持该姿势 1~3 分钟。

131 双手过足跟式

从坐姿前弯式（#129）开始，腹部紧贴大腿，前额置于小腿，肘关节撑地，双足向前倾，双手握住足跟。保持该姿势 1~3 分钟。

132 双手置地式

从坐姿前弯式（#129）开始，背部屈曲，胸部置于腿上，脸部紧贴胫骨。前臂置于地板上，手掌朝向地面。保持该姿势 30~60 秒。

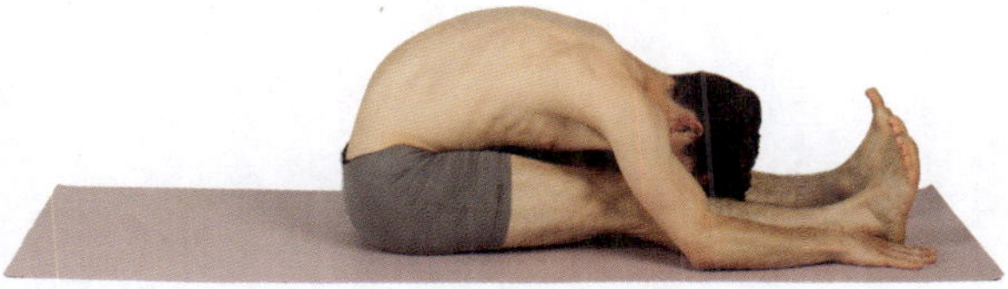

保持放松

当身体前弯且双手在背后做祈祷姿势时，不需要将面部贴于膝盖处。保持颈部放松和伸展，不要让下颌沉到胸前。

133 祈祷坐姿前屈式

从坐姿前弯式（#129）开始，头和躯干向上抬起，双臂后伸做祈祷手势，手掌合并，置于背部中央。保持该姿势 15~30 秒。

134 两手扭转式

这种前屈的变式打开胸部和肩部，拉伸身体侧面肌肉。要保持你的坐骨接地。

- 从手杖式（#381）开始，双臂围绕头部呈圆形姿势。
- 身体左侧屈后回旋，右手触摸左侧足趾，左手触摸右足底。

135 坐姿前屈半莲花式

从手杖式（#381）开始，把左足顶在右侧大腿上。抬起右臂，手指做智慧手印式。左臂后伸绕过背部用手指去触摸左侧足趾。

136 三柱头足式

从坐姿前弯式（#129）开始，左膝屈曲从而将左侧小腿置于大腿旁边。保持前额紧贴右腿，双臂向前伸直放在右腿两侧地面上。

不要坐在它上面！
在此变式中，不可以坐在屈曲的小腿上；小腿要放在大腿边上，膝关节略微向外倾斜。

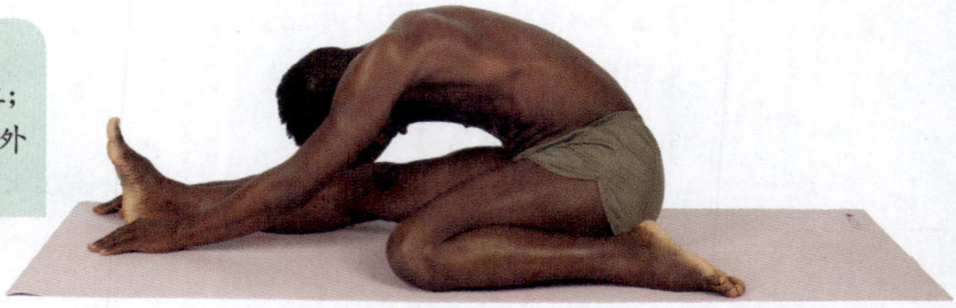

137 坐姿头足式

从坐姿前弯式（#129）开始，右足抵住左侧大腿内侧，呈半莲花式（#066），保证前额紧贴左侧膝关节或胫骨。双臂伸向前方，双手做智慧手印式，置于左足两侧。

138 摆动式

在此扭转姿势中，确保头部平行于伸向前方的手臂，不要把下颌沉到胸部。

- 从手杖式（#381）开始，左侧膝关节屈曲，小腿置于大腿旁边。
- 躯干右回旋，左手置于右侧踝关节外侧，沿着右臂降低头部，右侧手臂在肩关节处后伸，手指指向后方。
- 保证坐骨朝向地面。维持该姿势15~30秒，换另一侧。

139 半牛面西方加强伸展式

从手杖式（#381）开始，左侧小腿放在右侧大腿上，左侧踝关节伸直。背部屈曲，头向下移动，双手向前抓住右足。然后将双手放在右足两旁，手掌紧贴地面。保持该姿势 15~30 秒，然后换另一侧腿。

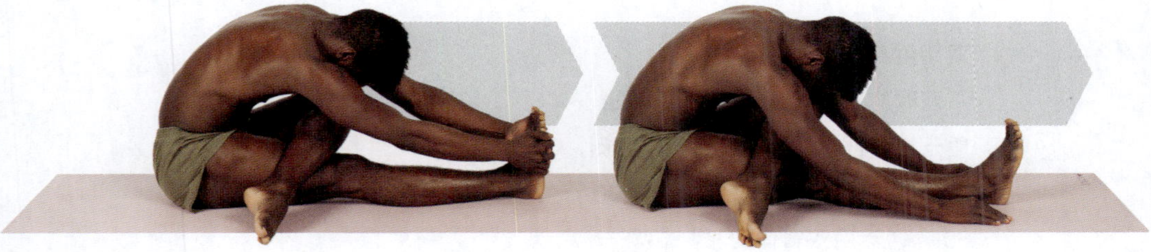

140

婴儿式

注意

不要压迫颈部后方；保持伸展，头顶向前。

注释

粗体字表示收缩的肌肉

黑体字表示伸展的肌肉

* 表示深层肌肉

这个开始姿势又叫作“Balasana”，它可以拉伸脊柱、臀部、大腿及踝部，减轻压力。

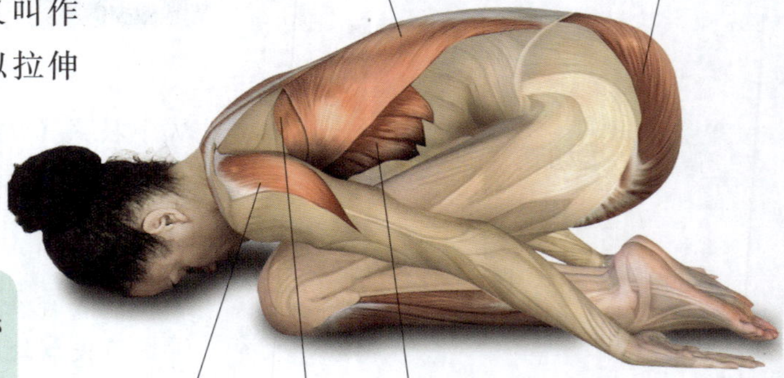

正确姿势

吸气，肋骨向后移动；背部略弯曲，从而使身体拱起。

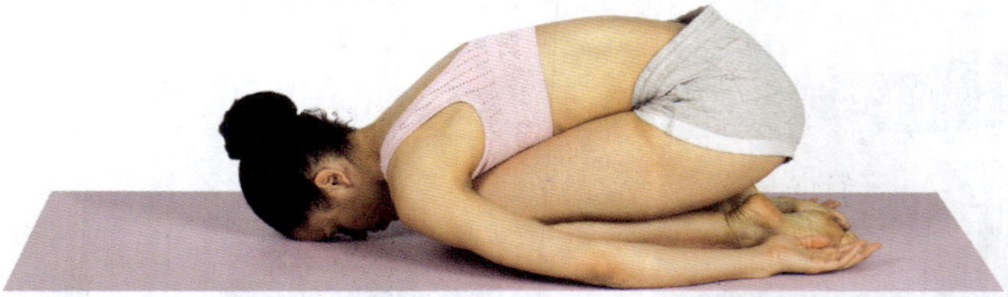

- 双膝跪地，臀部在膝盖上方。双足并拢，躯干折叠置于腿上，伸展颈部及脊柱。
- 双手放在双足两侧，手掌向上。
- 让肩关节舒展及放松，并把前额置于地板上。

141 双臂伸展婴儿式

从婴儿式（#140）开始，躯干折叠置于大腿上，双臂前伸、外展，保证宽于肩部，双手手掌挤压地面。保持该姿势 30~60 秒。

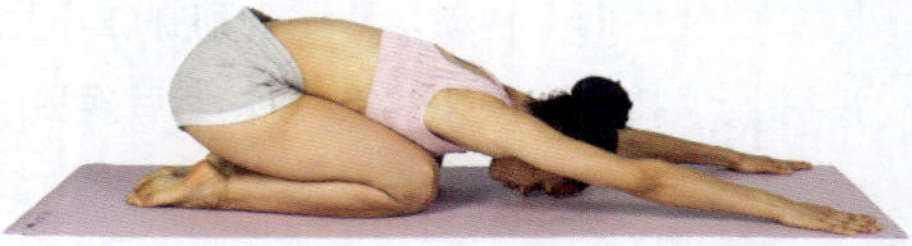

142 双手侧身婴儿式

从双臂伸展婴儿式（#141）开始，躯干在腰部右回旋，双手伸向右侧，手掌紧贴地面。保持该姿势 30~60 秒，然后双臂伸向左侧。

143 手掌合拢婴儿式

在婴儿式（#140）中，躯干放在大腿上，两侧肘关节屈曲并紧贴地面，从而支撑身体，双手合十，呈祈祷姿势，双手外侧缘置于地面上。

144 扭转侧伸展婴儿式

从婴儿式（#140）开始，臀部向上移动，在腰部上半部分躯干扭转，左肩撑地。左臂沿着右腿方向伸直，掌心朝上，右臂紧贴地面伸直，掌心朝下。

145 双手双足环绕扭转婴儿式

在婴儿式（#140）基础上躯干右回旋，右侧肩部向地面靠近，臀部略微抬高。左手伸向右侧踝关节，右手从身体背后绕过伸向左腿。

146 反向婴儿式

此变式包含祈祷手势或者合十印——另一种契合法，或者练瑜伽时的手势。

- 从扭转侧伸展婴儿式（#144）开始，右腿环绕左腿。
- 在祈祷姿势中掌心相对置于胸前。
- 保持该姿势 30~60 秒，换另一侧腿。

147 单侧婴儿式

从扭转侧伸展婴儿式（#144）开始，左肩部撑地。保持该姿势 30~60 秒，然后换另一侧，右肩和右侧脸颊贴地。

148

伸展幼犬式

注释
粗体字表示收缩的肌肉
黑体字表示伸展的肌肉
* 表示深层肌肉

该开始姿势叫作 Uttana Shishosana，介于婴儿式（#140）与下犬式（#338）之间，拉伸肩部及脊柱。

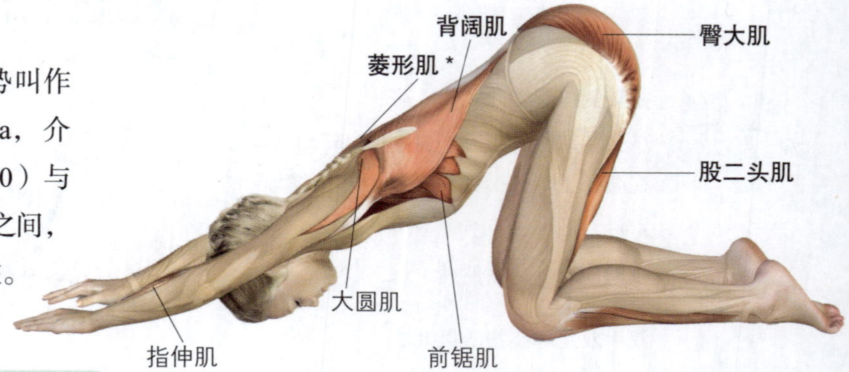

正确姿势
背部的上部略微拱起，让肩部及脊柱温和地伸展。同时，在这两个方向上拉伸脊柱。

注意
不要让肘关节撑地，让躯干中部下沉，或者很快放松，否则会造成眩晕。

- 屈膝跪地，使髋关节置于膝关节正上方，双手分开且与肩部同宽。躯干屈曲至手及膝部上方，腕关节在肩关节正下方。
- 呼气，臀部向后压，胸部向地板下移动，双臂向前移动，手掌平放在地上。
- 前额在地板上放松，同时伸展双臂，脊柱、坐骨向前移动。
- 保持 30~60 秒。

149 加强伸展幼犬一式

臀部向前移动；屈肘并放在头部两边撑地，双手放在颈部后面，十指伸开。

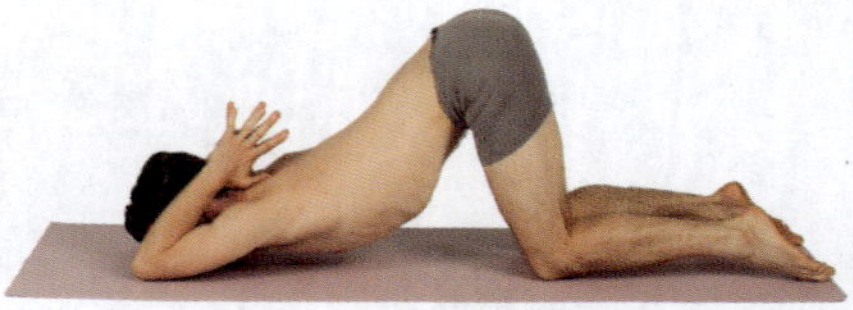

150 加强伸展幼犬二式

从伸展幼犬式（#148）开始，将躯干向前移动从而使臀部置于膝部之上，双臂沿地板向前伸，手掌朝下。

151 水林式

在伸展幼犬式（#148）中，膝关节屈曲，足趾指向天花板。躯干向肋骨下移，臀部抬高，抬起下颌。肘部着地，肘关节屈曲从而抬起前臂，双手做祈祷姿势或者分开。

152 双手环绕水林式

在做水林式（#151）时，足趾朝上，臀部抬起，颈部处于中立位置，双臂伸直，十指交叉。

153 献给 Arani 女神式

从伸展幼犬式（#148）开始，然后背部拱起，膝关节屈曲，足趾直立指向天花板。

- 双臂置于躯干两侧，肘关节屈曲，手掌朝下撑地。
- 胸部与下颌置于地板上，双臂沿着大腿移动，手掌朝上。

154 莲花加强伸展幼犬式

在全莲花式（#415）中，身体前倾至膝部，下颌紧贴地板，双臂伸展，手掌平放。胸部及下颌下移至地面，双臂沿着大腿移动，手掌平放。

155 八支柱式

从水林式（#151）开始，小腿下移，足趾撑地。然后臀部上移，下颌放在地板上，双臂置于躯干两侧，肘关节屈曲，手掌下压。

156 双足分开反转蝗虫式

从八支柱式（#155）开始，臀部向上移动，双腿外展，膝关节伸直；双臂在两足之间伸向后方，手掌朝下。

157

束角式

正确姿势
保持端坐，使坐骨到肩部呈一条直线。

束角式也叫作 Tailor 姿势。这个开始姿势可以伸展大腿内侧肌群、腹股沟及膝关节。它还可以缓解经期的痉挛性疼痛。但腹股沟或者膝关节有损伤者不适宜练习。

注意
不要用双手或颈部向下压双膝。

注释
粗体字表示收缩的肌肉
黑体字表示伸展的肌肉
* 表示深层肌肉

如果大腿或腹股沟有疼痛，可以坐在折叠的瑜伽垫上，抬起身体。找到一个舒适的姿势，躯干屈曲，伸展。

- 双腿外展坐立。膝关节屈曲，双腿紧贴胸部。
- 呼气，大腿向下外展至地面。双手握住双足保证双足紧贴地面。
- 拉动躯干向上，让脊柱处于中立位置。将身体重量平均分布于坐骨。
- 保持该姿势 1~5 分钟。

158 双手祈祷束角式

在基本束角式的坐姿（#157）中，将躯干向上挺直，保持脊柱中立，足底合并。双臂向上抬起，手掌合并放置胸前做祈祷式。

159 前屈束角式

从束角式（#157）开始，躯干伸长，脊柱处于中立位置，身体前倾，从而将胸部置于双足之上。保持该姿势30~60秒。

160 侧角束角式

该动作最重要的环节在于保证脊柱向上挺直及放松，从而在完成该动作时让身体重量均匀分布于坐骨。

- 双腿外展坐立。屈膝，使腿部向胸部靠近。
- 呼气，大腿外展至与地面紧贴。双足足底相对。
- 将左手放在左侧膝关节上，右臂伸向背后环绕躯干。伸右手，手掌向外，置于左臂与躯干之间。
- 保持该姿势1~5分钟，换另一侧手臂。

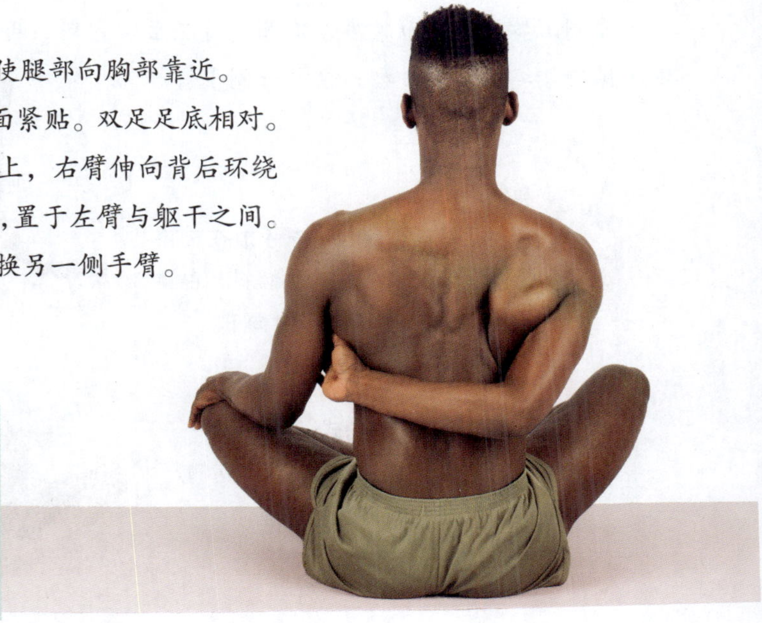

专注肌肉恢复

束角式可以帮助锻炼背部肌肉，保证脊柱处于中立姿势。多数变式可以锻炼臀肌、阔筋膜张肌、大收肌、长收肌和髂腰肌。若大腿内侧肌肉及内收肌群紧张，可以运用按摩缓解。

161 反向祈祷束角式

在束角式（#157）练习中，两侧足底合并，双手移向背后。掌心相对位于背部中间，十指指向上方。

162 束角式结合牛面手势

这是束角式的另一个变式，它可以锻炼背部及肩部肌肉，增强柔韧性。一定要保持脊柱伸展。

- 双腿外展坐立，屈膝并且让双腿贴紧胸部。
- 呼气，大腿向外侧倾斜。足底相互挤压。
- 左侧上臂沿肩关节伸展，右侧前臂屈至腰背部。两手相遇时，相互抓住。
- 保持该姿势 30~60 秒；换另一侧手臂。

163 单侧束角式

两侧足底相对坐位，左手放在左膝上。上半身及头部向右倾斜。右侧手臂移动至地板上，手掌向下。

164 双臂伸展前屈束角式

在基本束角式（#157）中，两侧足底紧紧相对，双臂挺直前屈，掌心按压在地板上。

不要收缩！
记住身体前倾时也要保证颈部拉伸并处于中立位置。

165 平衡束角式

平衡是此姿势的关键，当你的双腿抬起时，身体重心将移动到坐骨上。

- 双腿外展坐位。双膝屈曲并且让胸部与腿部紧贴。
- 呼气，将大腿向外侧倾斜。足底相互挤压。
- 双手抓住双足，抬起双足及双腿离地，保持头部、颈部及脊柱直立。
- 保持该姿势 30~60 秒。

坐骨
为了让下部骨盆舒适，要把它向前倾斜，吸气，然后把坐骨压到地板上，这样就可以直立摇晃。

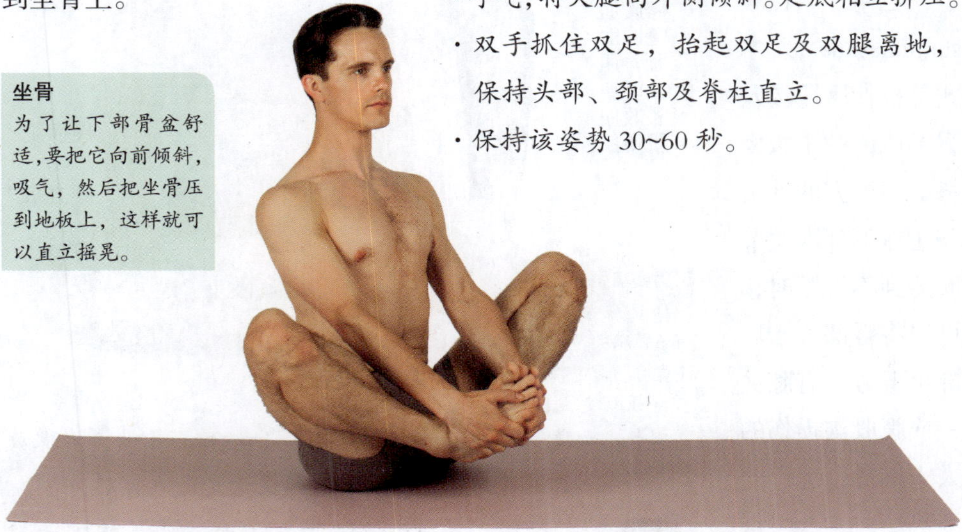

166 束角式，下颌贴地

从束角式（#157）开始，双手握住双足，上半身前屈，越过双足，直至胸部与下颌贴地。

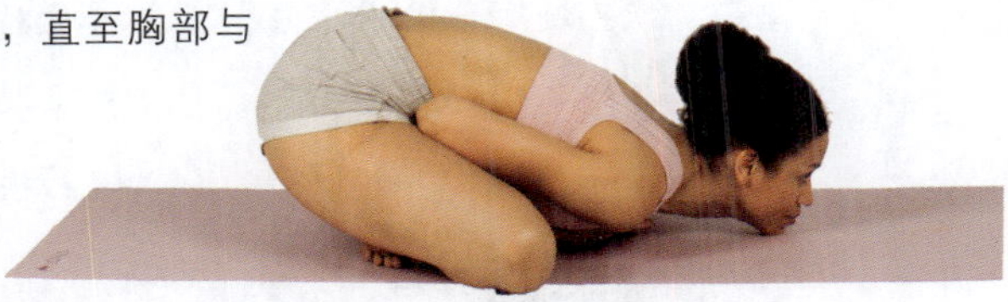

167 束角式，手掌过头合并

在此束角式（#157）的变式动作中，向前滚动，绕过脊柱，并把头朝向腹部，双手从祈祷姿势绕过头部。腿应该保持在相同的位置。

168

火木式

也叫作 Agni-stambhasana，火木式是拉伸腹股沟及臀部肌肉的中级姿势。当上方的膝关节压在下部踝关节而感到不舒服时，可以将臀部置于底部足上方。有膝关节或腹股沟损伤的人士不适合练习此姿势。

注释
粗体字表示收缩的肌肉
黑体字表示伸展的肌肉
* 表示深层肌肉

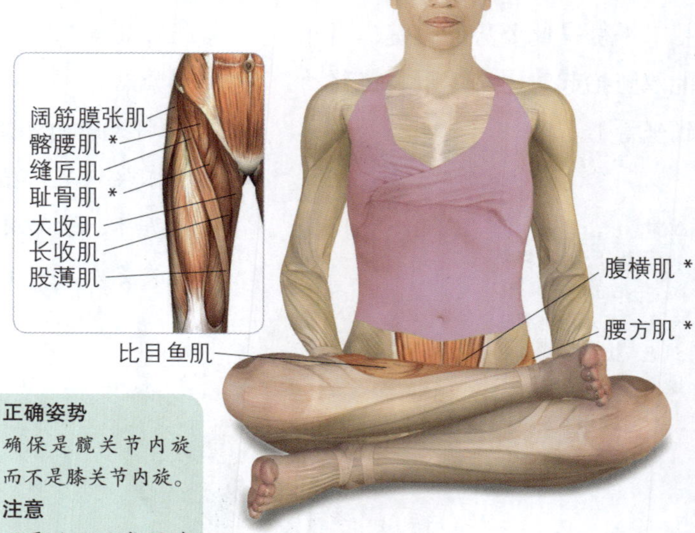

正确姿势

确保是髋关节内旋而不是膝关节内旋。

注意

不要让双足或踝关节旋转，或者“足弓凹陷”部分向内。

- 从简易坐式（#388）开始，右踝放在左膝顶部，右足放在左膝外侧。
- 左侧踝关节在右侧膝关节下方移动，从而使两侧胫骨叠加在一起。所有足趾屈曲。
- 躯干向上抬起至坐骨上，呼气并且打开髋部。
- 保持该姿势 1~3 分钟；双腿位置互换重复此姿势。

169

完成一式

从火木式（#168）开始，双侧胫骨叠加，躯干抬高，双手置于两膝之上，做智慧手印式，掌心向外。保持该姿势 1~3 分钟。

170 指尖支地火木式

从火木式（#168）开始，双手向后伸，指尖支地。腰部向前屈，保持手指支地。

171 扭转火木式

此变式拉伸肩部、胸部及侧身肌肉群。

- 从火木式（#168）开始，双手呈祈祷手势置于胸前。
- 躯干在腰部回旋，先从左向右，然后从右向左，肩部先向左倾斜，后向右倾斜。
- 保持祈祷手势。

172 扭转束手火木一式

从火木式（#168）开始，右肘屈曲置于左膝上方，手指做智慧手印式；左臂向后伸绕过背部，放在右侧大腿上。换另一侧重复此动作。

173 扭转束手火木二式

从火木式（#168）开始，躯干屈曲并向左回旋，双侧前臂置于地板上，双肩略外展。身体直立，换另一侧重复此动作。

174 火木式，过头拜月

在火木式（#168）中躯干前屈，直至前额触地。双肘支地，前臂置于项部；手掌合并。

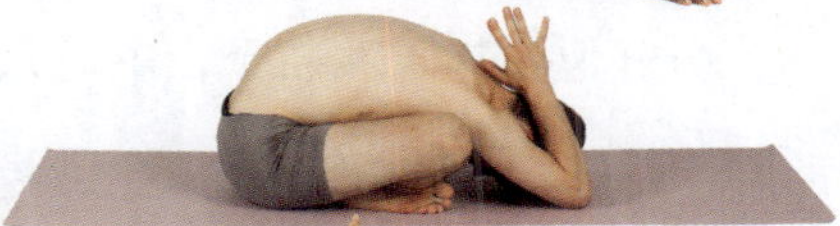

175 瑜伽姿势之献给 Garuda 手部姿势

从莲花式（#415）开始，双腿抬起，将身体重量移动到臀部；然后抬起前臂，两侧前臂互相缠绕。

176

宽坐弯式

正确姿势
保证整个动作中膝部都指向天花板。

注意
躯干不要在腰部向前弯曲，而是从臀部。不要勉强躯干紧贴地板。

也叫作 Upavistha Konasana，此宽坐弯式拉伸腹股沟部肌群及腘绳肌。也可以锻炼背部肌肉力量。此动作关键在于保持臀部着地，不要让腰部前屈。增强腰部及背部下方的柔韧性，可以在保证坐骨不离开地面的情况下向前屈。

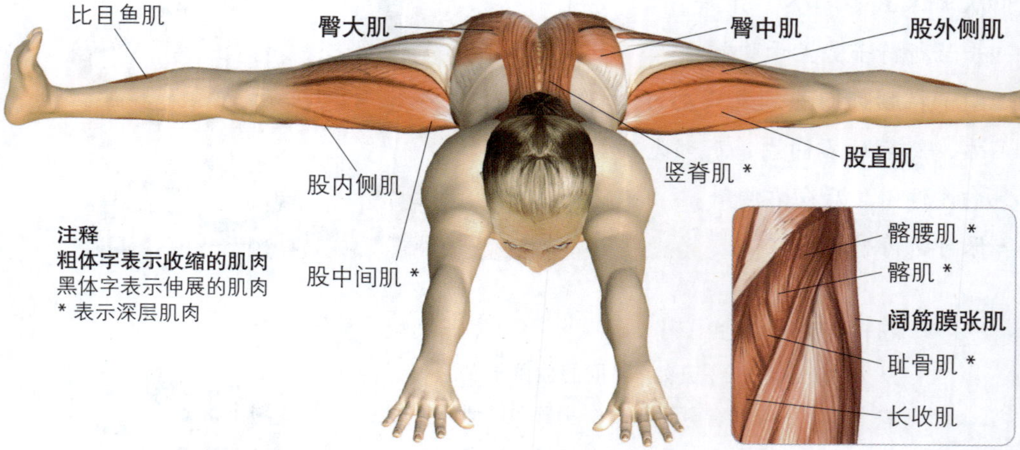

注释
粗体字表示收缩的肌肉
黑体字表示伸展的肌肉
* 表示深层肌肉

- 从手杖式（#381）开始，双腿大幅度外展，大腿略微外旋；踝关节跖屈。
- 双手置于臀的后部，吸气时用双手将臀部向前推，使腿部外展幅度更大。压住大腿后部让坐骨紧贴地面。
- 把双手置于身体前面的地板上。呼气，髋关节前屈，保持背部平直。躯干贴紧地板，手向前伸展。双眼向前凝视。
- 向前伸展双手及躯干，不能让背部弯曲。

177 平角式

从宽坐弯式（#176）开始，躯体向前，放松上部肢体，弯曲前臂，与肩同宽。

178 手握踇趾坐位直角式

从宽坐弯式（#176）开始，胸部与下颌着地，双臂外展握住双足的踇趾。

179 双臂伸展宽坐式

从宽坐弯式（#176）开始，双臂拉伸过头，双手贴地做祈祷式。

180 背后祈祷宽坐式

从宽坐弯式（#176）开始，双臂向背后伸，屈肘，双手互压做祈祷式，手指朝上。

181 双手束手抬起宽坐式

该动作可以拉伸肩部及背部的肌肉群，增强上半身灵活性。

- 在做宽坐弯式（#176）时，双臂向背后伸。
- 双臂向正上方的天花板举起，十指相扣。

182 侧身宽式

遵循宽坐弯式（#176）的前两个动作；双臂上举屈肘双手置于头后部。躯干左侧屈至肘部支地。换另一侧重复此动作。

183 双手触趾扭转式

从侧身宽式（#182）开始，双手从头上放下，握住右侧的足趾，保持双臂屈曲。身体重新直立，换另一侧重复此动作。

184

站立劈叉式

也称为 Urdhva Prasarita Eka Padasana，这种高级姿势可以拉伸腹股沟、大腿及小腿的肌肉群，加强大腿、膝关节及踝关节。该动作对提升平衡能力有益。但是不适合背部下方、踝关节及膝关节有损伤史者。

- 从山式（#001）开始，重心移动到左足上。背部前屈，右腿朝上后伸。
- 呼气时腿部收紧，同时躯干前屈折叠到大腿上；试着用左手握住右侧足踝的后部。
- 右侧腿向上抬，足跟对着天花板；双腿朝不同方向拉伸。
- 保持该姿势 30~60 秒，换另一侧腿撑地。

正确姿势

确保躯干略微降低，抬起后面的腿。收紧下颌，拉伸颈部。

注意

不要将站立腿的膝关节内旋、脊柱回旋以及腰部屈曲。

185 双手撑地站式

在站立劈叉式（#184）中，双手向前移动，双手下压，直至背部挺直并与抬起的腿呈一条直线。保持该姿势 15~30 秒，换另一侧腿撑地。

不要着急

为了避免眩晕，在倒立姿势复原时一定要慢慢站立。

186 **前额触胫骨式**

从站立劈叉式（#184）开始，双手移动至支撑腿两侧手掌撑地，前额紧贴支撑腿胫骨。保持该姿势 15~30 秒，换另一侧腿撑地。

187 **伸展站立变式**

从站立劈叉式（#184）开始，向上抬起的腿的足趾指向天花板，从而增加劈叉的角度；双臂环绕支撑腿。 为了增大劈叉的角度，试着将髋关节略微外展。

188 **无支撑站式**

从站立劈叉式（#184）开始，抬起腿的足趾指向上方，躯干向支撑腿对侧侧屈从而远离支撑腿双臂向后伸，十指展开，让双手在背后平行相对。

189 **无支撑束手站式**

从右腿的无支撑站式(#188) 开始，躯干向上还原，腰部右回旋。 右臂环绕背部，左臂环绕支撑腿，双手相握。

190 **单腿伸展半站式**

从无支撑站式 (#188) 开始，双臂后伸，然后将双臂向前移动，指尖紧贴地板，双侧肩关节外展。双腿拉伸同时保持背部及颈部放松。

191 **单腿下犬式**

从单腿伸展半站式（#190）开始， 双臂向前移动直至与脊柱对齐，支撑腿向前屈。头部在伸开的双臂之间下移。

第三章

后仰式

后仰动作是瑜伽固有的一部分。它们可以激发身体，提振精神，打开胸部和心脏，同时可以刺激消化，使身体处于深度膈式呼吸状态。这些姿势也有益于脊柱和椎骨的健康，使它们保持柔软和强壮。然而后仰也对脊柱最脆弱的部分——腰椎区域要求较高。一些教练建议在尾骨“挖”或“卷”以防止挤压，而另一些教练则建议锻炼核心肌肉。

192

上犬式

注意

不要束肩或耸肩，不要探胸，不要把重量压在手腕上，不要把你的大腿放在地面上。如果你最近做过背部手术或者背部、臀部、手臂、肩部有慢性损伤，不要做该动作。

这个中间的姿势，也称为 Urdu Mukha Svanasana，是一个俯身的后曲动作，用来抬起和打开胸部。作为传统的拜日式系列的一部分，它可以拉伸和加强背部、手臂和腿部。它还能使脊柱对齐，使肾脏和神经系统充满活力。

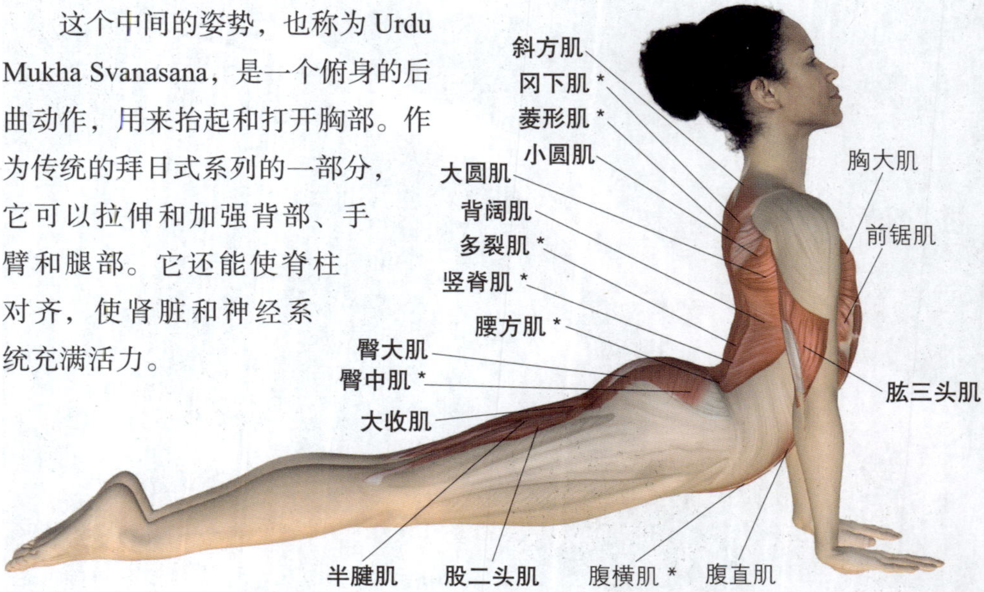

注释

粗体字表示收缩的肌肉

黑体字表示伸展的肌肉

* 表示深层肌肉

- 俯卧在地面上，手掌平放，前臂垂直于地板，肘部靠近肋骨。
- 手掌放在地面上，双臂展开，双肩前后滚动，弓起背部，胸部向前推，头顶朝上抬起。
- 吸气，将腿部从地面上抬起，足尖向下压。
- 保持 15~30 秒。
- 降低身体到地面上时，呼气来完成该姿势。

正确姿势

抬起身体时，你的肩、肘和手腕应该“叠放”在一条舒适的直线上。在动作中，想象一下你肩胛骨的下部支撑着锁骨。收紧臀部，但不要紧绷。

193 上犬式伸展

手臂伸展以抬起上半身，臀部和腿部在地面上，增加背部的弧度，伸长颈部，把头向后倾斜。你的下颌应该朝上。

194 提臀伸展

当你做这个变式时，确保颈部放松。不要把头压在肩上。

- 从上犬式伸展动作（#193）开始，手掌向下压，收紧背部和臀部。
- 从地面上抬起臀部和腿部。

195 上犬式伸出

上犬式动作中（#192），首先抬起左臂，然后右臂举过头顶。膝部可以放在地面上或从地面上抬起。

196 上犬式单腿上提

这个姿势增加了上犬式（#192）对下背部、臀部和大腿力量训练的质量。当你抬起一条腿时，确保不要让另一条腿滚向一侧。

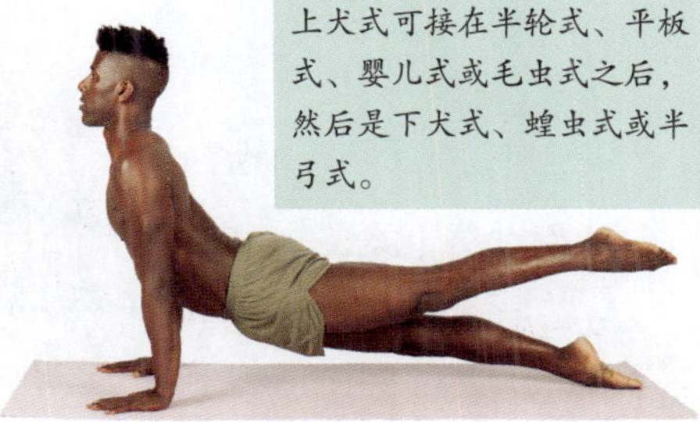

顺序选择

上犬式可接在半轮式、平板式、婴儿式或毛虫式之后，然后是下犬式、蝗虫式或半弓式。

197 足尖着地上犬式

为了让你的腿离地更高并增加该姿势力量训练的效果，当你进行练习时，足趾向内弯曲。

- 当你伸直手臂来抬高上半身时，把足趾蜷缩在足下，以支撑你的下半身。
- 手掌平放在地面上，放下肩部，将胸部向前推，头部向后倾斜；把下颌抬向天花板。
- 呼吸，保持 15~30 秒。

技巧
在你尝试这个姿势之前可以将手掌垫高，把更多的重量转移到下半身。

198 侧向上犬式

侧向上犬式或扭转体式特别强调腹部、下背部、臀大肌和侧方肌肉的训练，增加灵活性。保持颈部在中间位置，保持肩部的方形。保持这个姿势，回到上犬式，然后旋转臀部换到另一侧。

- 从上犬式（#192）开始，将下半身向右旋转，臀部略抬高。
- 保持双腿并拢伸直，足趾伸直。

199 屈膝上犬式

足尖着地上犬式(#197)中，用前臂向下按压，收紧臀部和腹部，弯曲右腿，保持足趾向上。把大腿抬高到舒适的高度。回到主姿势，然后弯曲左腿。

200 单腿连接上犬式

这个后仰姿势，从脚尖着地上犬式演化而来，有效锻炼了背部、大腿、臀部和肩部的肌肉。练习时一定要保持大腿放松，上臂柔软。

- 足尖着地上犬式（#197），头朝后。
- 把右膝放在地面上，然后屈曲，右足向右肩倾斜。
- 将右臂伸过右肩部，再向后伸，用手抓住右侧足趾。
- 保持15~30秒，另一侧足重复。

201 踝交叉伸展式

保持足尖着地上犬式（#197），将一侧足踝放在另一侧上面，这样下半身就依靠单侧弯曲的足趾支撑。手掌下压，抬高小腿和大腿。保持15~30秒。

保持放松

确保任何姿势时你的颈部一直保持柔软和伸展，需要头部向后倾斜；不要耸肩。

202

眼镜蛇式

正确姿势

使胸部和背部形成一个弓形，而不是依靠你的手臂。不要完全伸直肘部——那样会关闭你的胸部。

注意

不要紧绷臀部或将肘部从躯干移开。保持臀部靠近地面。

眼镜蛇式的基本姿势也称为Bhujamgasana，它能刺激消化系统和生殖系统，增强肺功能，敞开心扉。眼镜蛇还伸展胸部、腹部和肩部，加强脊柱和臀部力量。

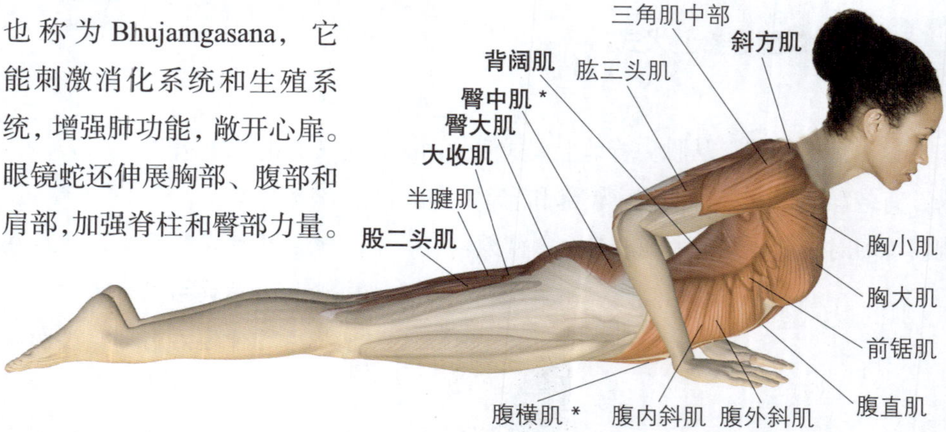

注释
粗体字表示收缩的肌肉
黑体字表示伸展的肌肉
* 表示深层肌肉

- 俯卧，手掌平放在肩部正下方，双臂向内收拢。
- 吸气，抬起上半身，双手向下推来引导你的动作。
- 从胸部顶部抬起，肩部下降并向后推，然后将尾骨拉向耻骨。
- 伸长颈部，稍向上看。保持15~30秒。

203

手触膝眼镜蛇式

在眼镜蛇式（#202）中，双手向后伸至膝后面，或者在外侧抓住膝部，同时增加背部的弧度。把头向后仰并抬高下颌。

204 无支撑眼镜蛇式

从眼镜蛇式（#202）开始，把你的右臂从肩部向后拉，手抬起，手掌向上。头向后仰，下颌向上。保持 15~30 秒，再换左手。

205 单腿抬起眼镜蛇式

从眼镜蛇式（#202）开始，弯曲右膝部，足趾向前，右臂向后伸抓住你的右侧胫骨顶部。保持 15~30 秒。

206 莲花眼镜蛇式

当你保持莲花式（#415）时，将上身向前倾斜呈眼镜蛇式（#202），双臂支撑躯干。然后右臂向后伸，抓住右足踝。左臂重复。

207 腿部束手眼镜蛇式 1

双腿呈莲花式（#415），上身呈眼镜蛇式（#202），向后伸展双臂抓住双足，同时保持胸部和肩部抬起远离地面。

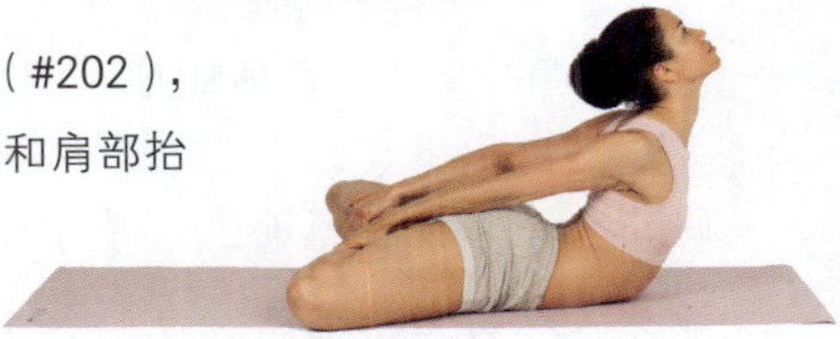

208 腿部束手眼镜蛇式 2

在这个变化的眼镜蛇式中，肘部着地，背部呈弓形，头部直立，弯曲膝部，将左腿绕在右腿上，保持 30~60 秒。换腿。

209 腿部束手眼镜蛇式 3

在这个变化的眼镜蛇式中，从左腿绕右腿开始，然后转到右腿绕左腿。抓住位于下方的足，一侧膝部在地面上。

210

半蛙一式

正确姿势

保持膝部与臀部位于一条直线上。如果膝部疼痛，就放松一下。应该是大腿肌肉内部紧张，而不是膝关节。保持膝部与之一致。

注意

不要过度降低肩部或前臂，保持颈部肌肉放松。

也称为 Ardha Bhekasana，半蛙式可以打开肩部、胸部和大腿。它有利于大腿肌肉和臀部屈肌，增加背部的柔韧性。它能激发能量，并为躯体后仰做好准备。这对于跑步和骑自行车的人来说是很好的拉伸训练。

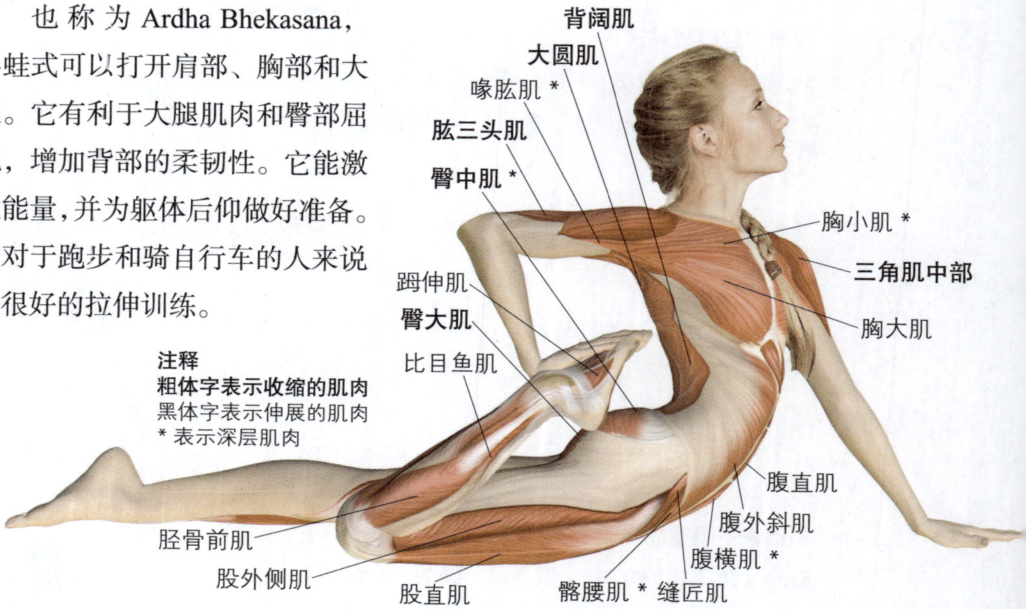

- 俯卧，手掌放在地面上。手掌向下压，上半身从地面上抬起。
- 舒缓右侧大腿上部肌肉；如果可能的话，把手指转向前面，也把右侧身体转向前面。
- 左前臂在身体前方交叉至右侧，屈曲右膝，用右手向后伸，手指向前直到足尖，把它压向右臀部的外侧。
- 保持 30~120 秒，然后另一侧重复。

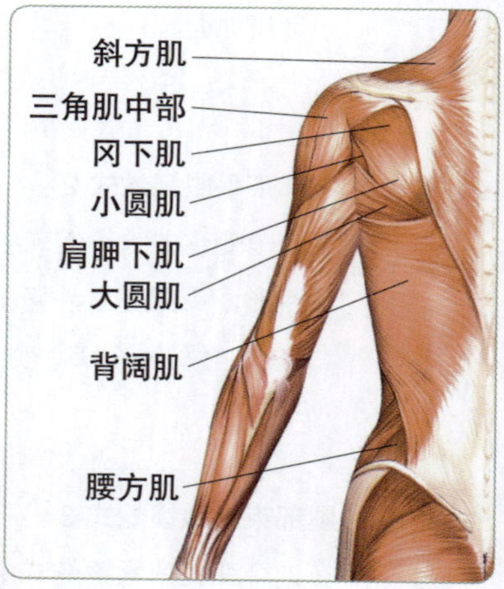

211 半蛙二式

这种姿势类似于半蛙式（#210），但手的位置从压足到压足踝，使腿更靠近臀部。

212 单手单足半莲花式

这个姿势需要背部、肩部和腿部的柔韧性。从半蛙式开始放松。半莲花式需要一只足保持不收拢，并放在另一只腿上，而传统的莲花式是坐姿，膝部屈曲，足踝交叉放在面前。

- 从半莲花式（#416）开始，左腿伸开放在右腿上。
- 身体在未折叠的腿上前倾，右侧大腿放在左足上。
- 屈曲右膝，抬高腿的下半部分。
- 右臂后伸，抓住右足踝的外侧。前臂和小腿呈一直线。
- 保持 20~30 秒，然后换腿。

213 单手单足蹬趾一式

半蛙式（#210）动作——左腿向后伸展，右腿弯曲，足趾向上，然后左臂向后伸展，用左手抓住右足蹬趾。

214 单手单足踇趾二式

从单手单足踇趾一式（#213）开始，增加背部的弧度，从地面上抬起下半部躯干和髋部，伸长颈部，头部向后倾斜。保持 15~20 秒，然后换腿。

215 单手单足踇趾三式

辅助道具

初学者可以用靠垫支撑胸部。如果你够不到足的话，试着在它周围加一条带子。

该半蛙式的变式能加强臀肌、背部肌肉以及肩部肌肉。记住，颈部要保持中立位姿势。

- 在半蛙式（#210）中，右手抓住踇趾，把小腿抬高到空中。
- 抬起时保持背部和大腿上部放松。
- 保持 15~30 秒，然后换腿。

216 单手单足踇趾四式

做单手单足踇趾三式 (#215) 时，双手抓住右足踝，稍向前移动靠近胸部。

217 半蛙弓式

这个中间体式可以让你打开心扉，加强背部、肩部和腹部力量，增加腿部的柔韧性。

- 以单手单足蹲趾一式（#213）左手握住右蹲趾。
- 前移胸部，屈曲左腿，左足放在右腿膝部附近。
- 右臂向后伸，右手抓住左足趾。
- 保持 15~30 秒，然后换腿。

218 半莲花蛙一式

单手单足半莲花式（#212）动作中，右手放在弯曲的右腿，躯干前倾靠近左臂，将右足尽可能舒服地靠近臀部，右手平放在足的顶部。

留意疼痛

在任何姿势按压肢体时，一定要留意疼痛，疼痛说明你需要增加柔韧性。不要强迫肢体完成某姿势。

219 半莲花蛙二式

从半莲花蛙一式（#218）开始，右手抓住右踝，前移靠近胸部，左手向后伸，抓住足踝的另一边。臂部和腿应该呈 V 形。保持 15~20 秒，然后换到另一侧。

220

弓 式

注释
粗体字表示收缩的肌肉
黑体字表示伸展的肌肉
* 表示深层肌肉

该姿势可伸展胸部、腹部、髋部屈肌和股四头肌，强化脊柱、刺激消化。头痛、高血压、低血压或背部受伤的患者不适合做该动作。

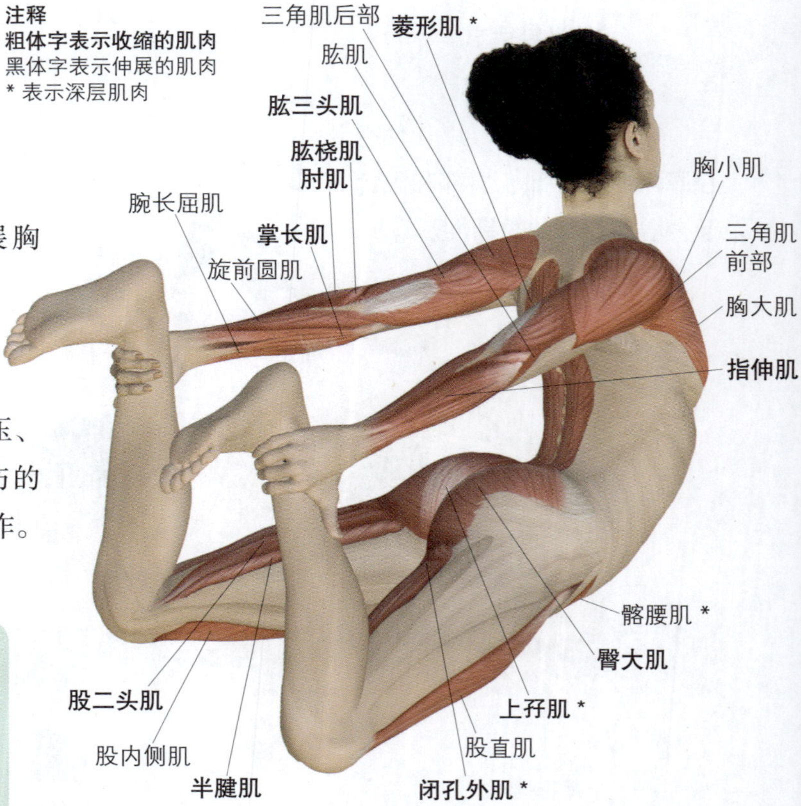

正确姿势
伸展膝部不要超过髋部的宽度。
注意
不要屏住呼吸，进行短且可控的呼吸。不要用骨盆来支撑体重。

抓握问题
就像很多运动一样，改变抓握的方向可以锻炼不同的肌肉，调节身体的不同部位。

- 俯卧，双臂放在身体两侧。
- 将下颌放在地面上，呼气，屈曲膝部，把腿弯向臀部；向后伸手抓住足踝外侧。
- 吸气，使胸部从地面上抬起，上拉足踝将腿抬起。重心转移到腹部。保持头在中立的位置；保持足踝弯曲。
- 坚持 20~30 秒。

221 足尖伸直弓式

按照说明完成弓式（#220），双手环绕抬起的足踝，然后将两只足的足趾伸直向上。

222 反握弓式

做任何弓式动作时，如果觉得很难开始，可以在足踝周围环绕带子，你可以抓住带子，练习过程中，当你感觉更舒服时可以逐渐缩短带子的长度。

- 将手抓握的位置从腿的外侧转移到内侧足踝的下方。
- 记住尽量让两侧膝部保持在一起，不要超过髋部的宽度，并且要保持重心在腹部。

223 单腿抬起弓式

在这个弓式动作中，左手抓住左足趾，右手下滑到右腿上，抓住小腿。保持20~30秒，然后换腿。

224 小弓式

这种弓式的变式大大打开了胸部。保持足尖伸直弓式（#221）时，双手沿着小腿向下滑动。弓起背部，抓住小腿的前面，尽量靠近膝部的舒适位置。坚持20~30秒。

保持放松

做任何后仰动作时，记着保持背部、肩部和颈部肌肉不要紧张。这些姿势需要循序渐进，而不是在早期阶段就一步到位。

225 侧弓式

侧卧时，双腿向后弯曲靠近臀部，双手向后伸抓住两足踝，同时将双腿远离躯干，背部呈弓形。

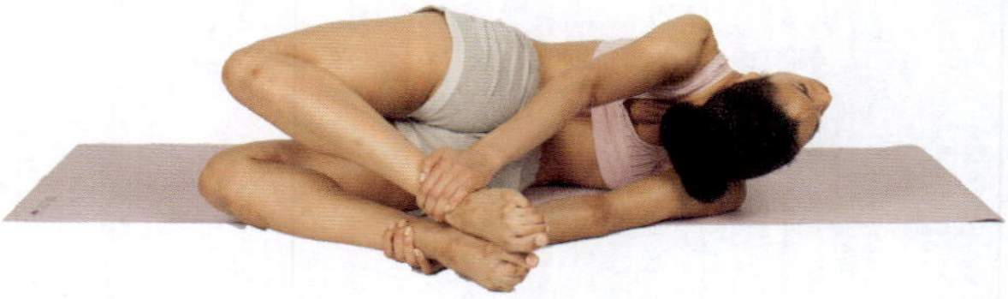

226 趾触肘弓式

在弓式（#220）动作中，确保颈部放松；不要把头向后仰。弓形应该只出现在背部。

- 标准弓式（#220）动作开始——双腿抬起，双手放在足踝上。
- 双手滑过小腿顶部，小腿舒服地靠近臀部。
- 保持 20~30 秒。

核心问题

当做后仰动作时，你应该感觉到大腿、臀部和肩部的紧张，当然也包括你的核心——身体的中心。这意味着你已调动肌肉来支撑躯干，帮助维持平衡和姿势。

227 踢趾弓一式

该动作使身体得到充分伸展，所以之前要做些基本的拉伸动作。从弓式（#220）动作开始，双腿抬起，背部弓起，双手放在足踝上，双手移动并抓住足趾。增加背弓，伸展颈部，头向后仰。在舒适的情况下，把腿抬高到背部上方。坚持 20~30 秒。

228 蹋趾弓二式

做蹋趾弓一式（#227）动作时，屈肘慢慢将足拉向头部，确保背部、颈部和肩部放松。在这个姿势的最后，你的足底应该朝向头顶。

229 单手触蹋趾弓式

蹋趾弓一式（#227）动作中，松开左腿伸向后面，足趾伸直，利用弯曲的左臂支撑你的上半身。保持 15~30 秒，然后换另一侧。

伸展

保持腿和手臂抬起，继续寻找更舒服的高度。

230 双手握单足弓式

弓式有很多变化。在这个单腿姿势中，你应该感觉到大腿内侧和臀部的紧张，而不是膝部。双手可以抓住蹋趾，所有的足趾，或者抓住足尖。

- 在基本的弓式（#220）中，松开左腿，伸到身后。
- 双手握住蹋趾或足尖。不要把抬起的腿拉到臀部，尽量保持直立。
- 保持 20~30 秒，然后换另一条腿。

231
桥 式

注意
不要把下颌缩到胸部；不要只用臀部来抬起躯干——用你的双腿。

正确姿势
当你抬起躯干时，肩部一定要下压。保持膝部在足跟上方。

注释
粗体字表示收缩的肌肉
黑体字表示伸展的肌肉
* 表示深层肌肉

桥式是一个全能型初学者姿势，可以通过多种方式练习。它可以打开你的肩部和胸部，强化大腿和臀部，伸展背部、胸部和颈部。它还能刺激消化，缓解压力。

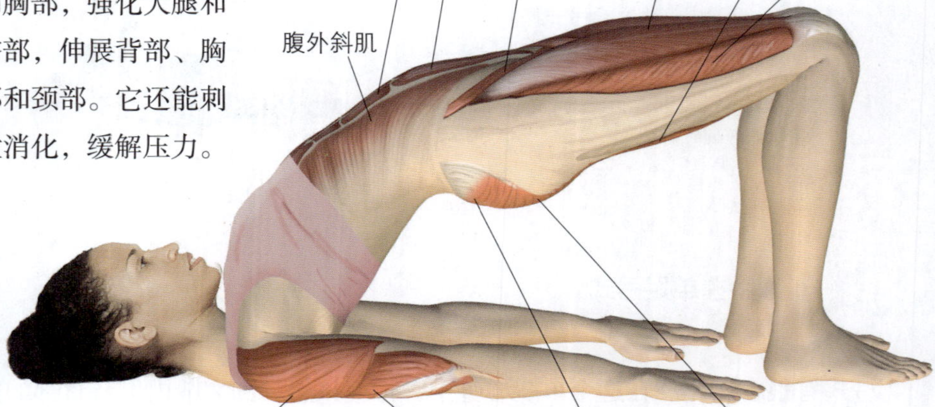

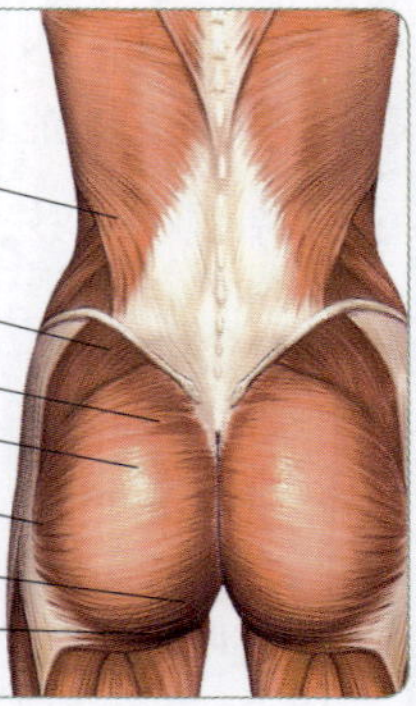

- 仰卧，双膝屈曲，足后跟向身体靠拢。
- 足向下用力，臀部从地面上抬起来。
- 双足和大腿平行，吸气，双臂向下用力。升高臀部使躯干从地面上抬起。
- 保持 30~60 秒。

232 桥式预备姿势

仰卧，头部保持自然姿势。屈腿贴紧臀部，保持手臂与躯干平行，双手分别轻轻扣住两侧足踝。

为什么要做预备姿势？
在尝试更复杂、更主要的姿势之前，做简单的预备姿势通常会有帮助。

233 双手支撑背部桥式

这种桥式的变式支持下背部。尽量不要张开肘部。

- 做基本的桥式（#231），双臂展开，掌心向下。
- 屈曲肘部，抬起前臂，双手放在腰部后方，手指朝上将臀的顶部托起来。
- 保持 20~30 秒。

234 双臂置于头顶的桥式

从基本的桥式 (#231) 开始，躯干抬起，双脚分开，双臂与身体平行，背部呈弓形，双臂伸展至肩部后方，放在地面上。手掌向上，手指伸直。

235 双手于下方紧握的桥式

从桥式 (#231) 开始，躯干抬高，双足分开，双臂并拢，双手紧握增加背弓高度。保持 30~60 秒。

236 双手握踝桥式

做桥式（#231）动作时，手臂放在地面上，增加背部的弧度，双手前伸，抓住足踝，保持这个姿势 20~30 秒。

237 足尖桥式

在这个桥式动作中，你的肩部和颈部会承受额外的压力。记住要让这些肌肉保持放松，尽量伸展颈部，而不是把下颌压在胸部。

- 做桥式（#231）动作时，增加躯干的角度，手臂和手下压。
- 踮起足尖。
- 保持 15~30 秒或感觉舒适的时间。

238 单足桥一式

桥式动作有几种变化，就像强化背部和臀部肌肉力量一样，可以使躯干下半部和大腿的肌肉群参与工作。在该动作中，保持双臂下压，单足在地面上，以保持躯干的高度。

- 从基本的桥式（#231）动作开始，然后抬起右腿，膝部屈曲，足屈曲，使大腿垂直于地面。
- 伸直右腿，使右腿与左腿平行，足趾伸直。
- 保持 20~30 秒；另一侧重复。

239 单足桥二式

在桥式（#231）动作中，弯曲双臂，双手托着臀部。支撑好后，右腿伸直向上抬起，足趾伸直。另一侧重复。

240 单足桥三式

在单足桥二式（#239）动作中，用支撑腿支撑躯干，双手向前移动，触摸或抓住支撑腿足踝。

防止抖动

该动作的支撑应来自肩部、手臂、左腿和腹部。尽量保持平衡，不要摇晃。

241 足尖着地单腿桥式

当做足尖桥式（#237）动作时，将右腿伸直，足趾伸直。更舒服的做法是放松足尖而不是伸直。另一侧重复。

242

向上弓式

向上弓式是一种中间的背屈姿势，也称轮式。可以强化大腿和臀部的力量，打开胸部和脊柱，刺激消化腺和甲状腺功能，减少压力。向上抬起时，不要仅仅伸展下背部。

注释
粗体字表示收缩的肌肉
黑体字表示伸展的肌肉
* 表示深层肌肉

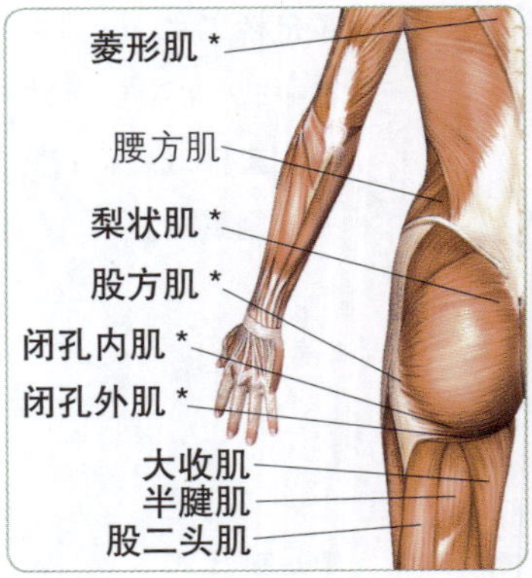

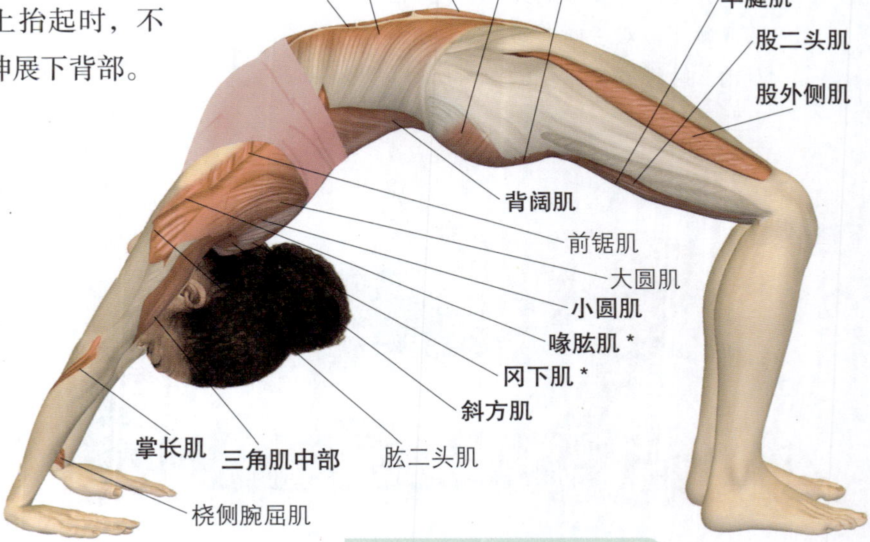

正确姿势
通过两侧肩部、脊柱和股四头肌进行伸展。保持两侧膝部靠拢。

- 仰卧，膝部屈曲，足跟并拢。手掌放在头两侧的地面上，手指向后。
- 手和足向下压，抬起躯体呈王冠状。
- 弓起背部，向上伸展；尽量伸直臂和腿。保持 15~30 秒。

注意
当向上抬起身体时，不要把足趾向外翘，也不要把您的手肘向两侧张开。

243 半弓式

完成向上弓式（#242）第一步和第二步动作，头向上顶，臀部靠在地面上。

- 将双手放在身体中部，并拢下压，双膝屈曲，双腿抬起，足尖踮地。
- 抬起右腿与地面平行。
- 保持 15~30 秒；另一侧重复。

244 头触地轮式

在向上弓式（#242）动作中，向外屈肘，上半身慢慢降低，这样头顶会触地。足和手来支撑体重。

245 单手轮式

这个姿势可以强化大腿、臀肌和脊柱力量，同时增加活力。

- 在做头触地轮式（#244）动作时，踮起足尖，抬起双腿，然后抬起右臂，向前伸直到右臀部或大腿。
- 保持 15~30 秒；另一侧重复。
- 调动核心肌群，记住让你的颈部肌肉放松。身体上部的重量应该主要放在手臂和手上。

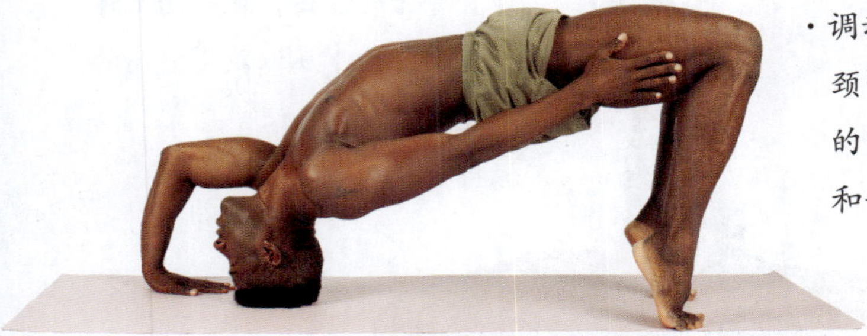

246 踮足尖轮式

在头触地轮式（#244）动作中，踮起足尖，增加背部弧度，双手向后伸展抓住或触及足踝。

247 头肘触地轮式

从头触地轮式（#244）动作开始。屈肘置于地面上，然后双手交叉在一起，把枕部围起来。保持 15~30 秒。

248 头肘触地踮足尖轮式

在头肘触地轮式（#247）动作中，稍向前移动你的重心，减小屈膝的角度，然后慢慢地踮起足尖。保持 15~30 秒。

保持肘部和前臂支撑体重，不要放在颈部。

249 单腿头肘触地轮式

这个伸展姿势可以有效缓解由于电脑前久坐或长时间伏案做功课等造成的肩、颈或下腰痛。也可以有效拉伸腘绳肌和臀部肌肉。

- 仰卧，双膝屈曲，双足平放，足跟靠近身体。
- 按照头肘触地轮式（#247）步骤进行。
- 伸直并抬起左腿，足趾向上伸直。右足向下压以获得更高的高度。
- 保持 15~30 秒，右侧重复。

250 直腿轮式

从头肘触地轮式（#247）动作开始。

还原
从该动作还原时，双足向后移动靠近肩部，手掌平放在地面上，肘部屈曲，臀部下降至地面。然后抬起膝部弯至胸部，解除下背部的紧张。

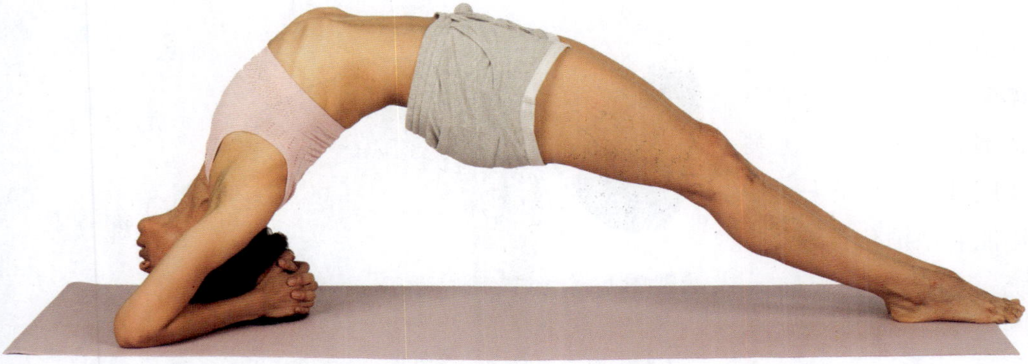

- 保持背部弯曲，双腿逐渐远离躯干直到双腿完全伸直，膝部伸直，足趾向前伸直。
- 前臂和足底下压，减轻颈部的负重。

251 手臂束手垫足尖轮式

在做向上弓式（#242）动作时，踮起足尖。然后屈肘，前臂放在地面上，手指交叉。降低头部，向后倾斜，前额靠在双手上。

252 手臂束手单腿轮式

在做直腿轮式（#250）动作时，双手交叉置于头后，双腿伸展，右腿略屈，伸直左腿向上抬起，足趾向上伸直。保持 15~30 秒，然后换另一侧。

253
驼 式

注释
粗体字表示收缩的肌肉
黑体字表示伸展的肌肉
* 表示深层肌肉

正确姿势
弯腰时，保持骨盆向前倾，用腹部向上抬起。

注意
不要压缩下腰部，或突然做后仰动作。高血压或低血压不要做该动作。

驼式是一种中间体式，它可以打开整个身体的前部。伸展大腿、臀部屈肌、胸部、足踝和腹部，强化脊柱。它还能刺激消化和神经系统，增加面部血流量。

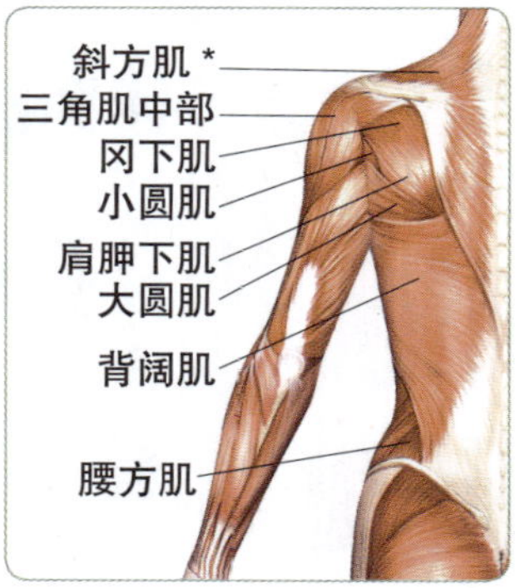

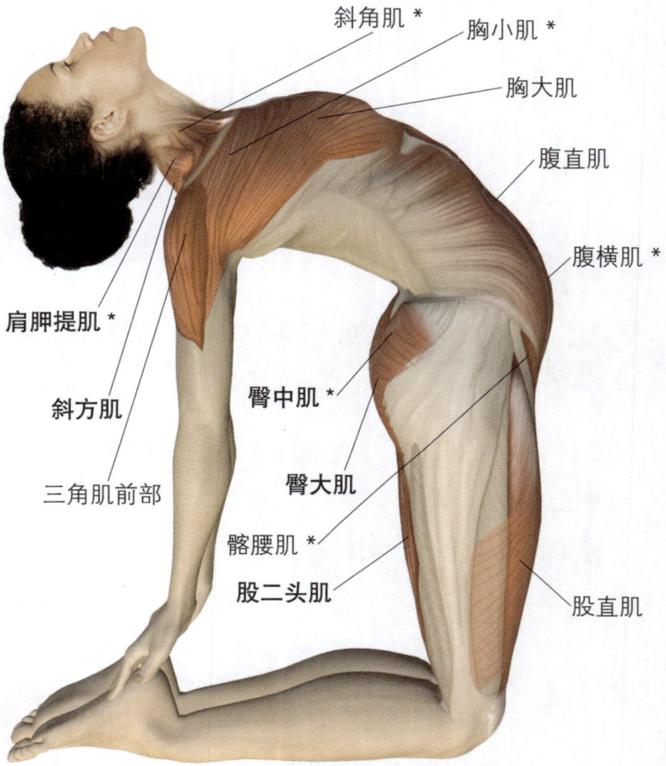

- 跪姿，膝部与臀部同宽，尾骨紧缩。
- 手放在下腰部，手指指向下方。上半身向后倾斜。
- 呼气后仰，向上挤压骨盆，拉长脊柱。将肩胛骨向后压，身体稍向右倾斜，右手放在右足跟。
- 身体稍向左倾斜，左手放在左足跟。将身体重心置于两膝之间，弓起时抬起胸部，向后仰头，喉部放松。
- 保持 20~60 秒。完成后，收缩腹部肌肉，向前抬起胸部，将双手举到下腰部。

254 驼式准备姿势

跪姿，膝部与臀部同宽，尾骨紧缩。手放在下腰部，手指指向下方。将上半身向后倾斜，头部轻轻后仰。

255 祈祷驼式

从驼式（#253）动作开始，慢慢地将手臂转到前面，保持背部弓起。双手合十，在胸前呈祈祷姿势。

256 双手束手上举驼式

这是一种有效的伸展姿势，能使身体的核心肌群和上半身肌肉参与活动。

保持平衡
在该姿势中不要向后或向前过度倾斜。应该有一条假想的线从肩部后面延伸到臀部前面。手臂要在下颌两侧抬起。

- 从基本的驼式（#253）动作开始，躯干下降，臀部靠近足，但不要让它们放在你的足跟上。
- 弓起背部，将头部向后倾斜于柔软、放松的颈部。
- 双手交叉，双臂高举过顶，掌心向上，伸展双臂，直到肘部伸直。
- 保持 30~60 秒。

257 无支撑向上敬礼式

在驼式（#253）动作中，背部弯曲，头向后仰，双臂向后伸展，手掌分开或放在一起，直到肘部伸直。

258 膝部交叉驼式

你的腹部和腘绳肌应该对这种变化的驼式有感觉。不要将过多的重量加在双臂——核心肌群和腿部应该承受更多的重量。而从驼式（#253）动作开始，你的背部呈弓形，头部倾斜，手伸向足踝，双腿在膝部交叉。当你伸手去触摸足跟时，调整双足的宽度。保持 20~30 秒，然后换腿。

259 手伸向踇趾驼式

这种变化的驼式需要良好的平衡和出色的柔韧性。在尝试该姿势之前，确保你已经做了一些基本的手臂和腿部伸展热身动作。

- 从驼式（#253）动作开始，右腿摆到身体面前。
- 用拇指和另两根手指抓住你的踇趾，锁定膝部开始抬腿。
- 左手保持平衡，摆动右腿，在感觉舒服并可控的范围内，尽量伸直和抬高。
- 保持 10 秒，另一侧重复。

循序渐进

绝不要用蛮力来完成该动作；这是损伤风险最大的方式。相反，应努力增加柔韧性，放松紧张的四肢。

260 手触地驼式

当你保持基本的驼背姿势（#253）时——背部弯曲，头向后仰——扩大你膝部的间距，然后指尖后伸呈八字形双足，触及地面，双手与肩部同宽。

261 半驼式

利用这个后仰姿势在你的身体前部产生空间，增加精力和活力。

- 在基本的驼式（#253）动作中，双腿分开与髋部同宽，将左手手掌放在离左足稍远的地面上，手掌向下，手指向后。
- 然后右臂向后伸直，右手拇指和食指形成一个环，手臂平行于地面。
- 保持 15~30 秒，另一侧重复。

手印

瑜伽中最常见的手印姿势是拇指和食指圈。它被称为智慧手印（Gyan Mudra），象征着火和空气。

262 床式

从驼式（#253）开始，降低躯干，臀部置于弯曲的双腿之间；头后仰顶地。屈肘支撑上半身，双手紧握足跟。

263 双臂交叉床式

在床式（#262）动作中，手臂向后置于头部两侧，前臂交叉于头顶后面。肩部和上背部应该保持抬高和弓形。

264 鱼 式

注释
粗体字表示收缩的肌肉
黑体字表示伸展的肌肉
* 表示深层肌肉

正确姿势
保持前臂和肘部靠近身体；双腿伸直、弯曲或完全莲花式（#415）。

注意
不要将体重压在头部或颈部；当身体向上呈弓形时不要提臀。

这种被称为 Matsyasana 的姿势据说可以让人在水中像鱼一样漂浮。在陆地上，它能改善姿势，强化上背部和颈部。它还能伸展喉部、脐部、腹部和肋骨之间的肋间肌。

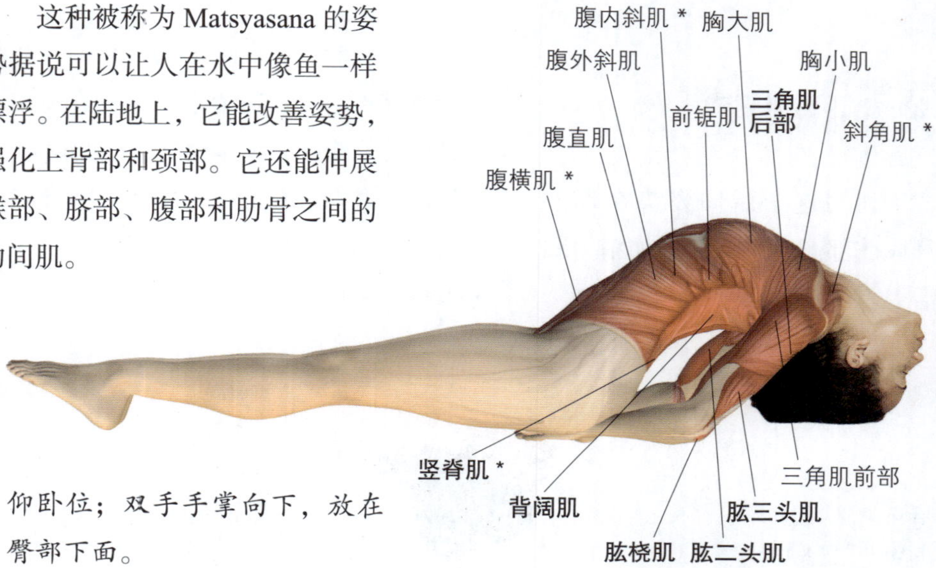

- 仰卧位；双手手掌向下，放在臀部下面。
- 前臂下压，屈肘，抬起胸部，弓起背部。
- 头部后仰，使头顶位于地面上；肘部支撑重量。
- 保持 15~30 秒。

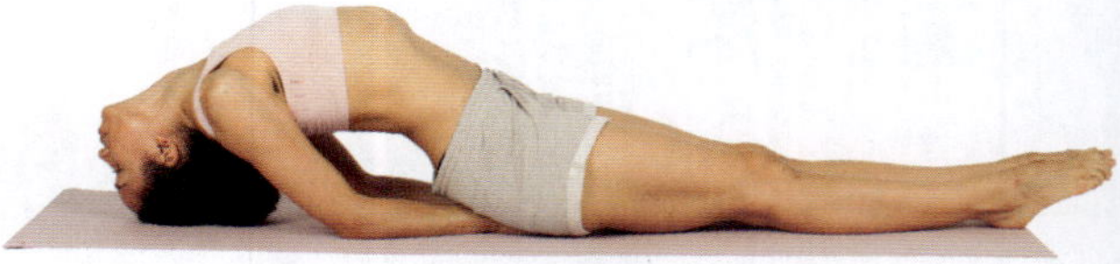

265 半鱼一式

从鱼式（#264）动作开始，双臂举过头顶，手掌朝下，面向躯干。屈膝，足趾下压。

266 半鱼二式

从鱼式（#264）动作开始，双臂放在身体两侧，掌心向下，足跟紧贴臀部。保持 30~60 秒。

267 反向祈祷鱼式

从鱼式（#264）动作开始，双腿伸直，双手放在呈弓形的背部下方，双手合拢呈祈祷姿势，手指指向头部。

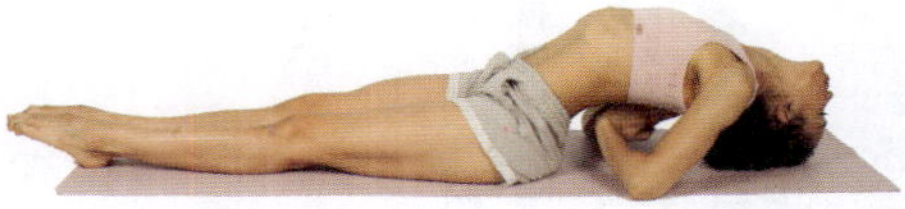

268 腿部伸展鱼式

从基本鱼式（#264）动作开始，头部后仰，背部弓起，双腿伸直，双臂从肩部向前抬起，双手合拢呈祈祷姿势。保持30~60秒。

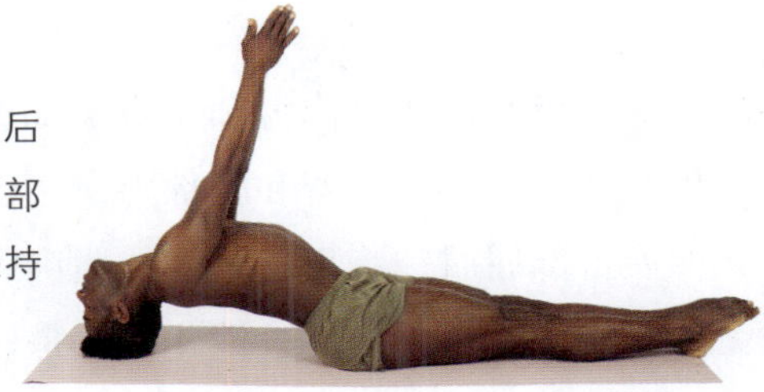

269 半束手莲花鱼式

在鱼式（#264）动作中，以半莲花式（#416）将左足抬至右侧大腿上；左手伸到背后，握住左足。保持30秒，换另一侧。

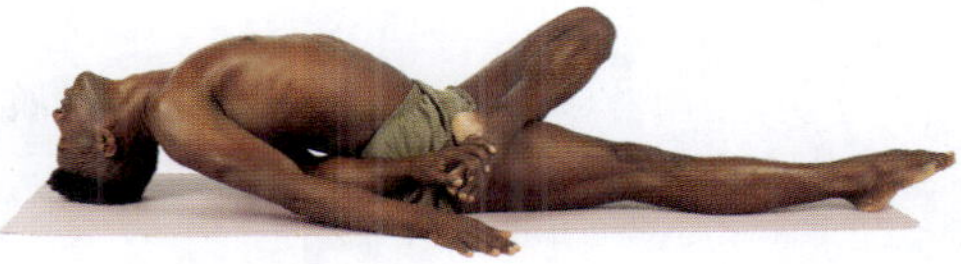

270 莲花鱼式

在鱼式（#264）动作中，将两条腿摆成莲花式（#415）。双手放在大腿上呈智慧手印（Gyan Mudra）姿势。保持背部弯曲，头部后仰。

271 加强腿部鱼式

该式也称为Uttana Padasana，这个姿势被认为对胃病有帮助。也被认为可以帮助放松以及打开与精力和意志力相关的根脉轮和腹腔神经丛脉轮。

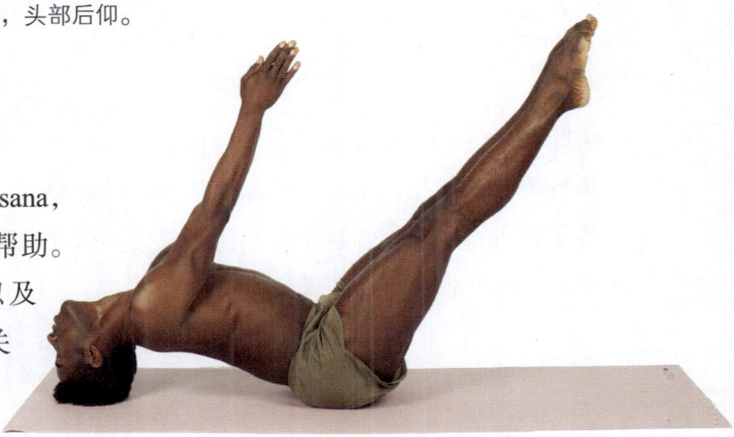

- 从鱼式（#264）动作开始，手臂从肩部两侧向上伸，腿从髋部两侧向上伸，保持肘和膝部伸直。
- 你的手臂和双腿都应该垂直于躯干，而不是垂直于天花板，头部应该保持向后仰。

注意重心

在这个姿势中，确保你抬起并伸展的腿部重量不会使头部从地面上离开。

272

蝗虫一式

注释
粗体字表示收缩的肌肉
黑体字表示伸展的肌肉
* 表示深层肌肉

注意
可能的话不要屈膝，也不要屏住呼吸。

初级蝗虫式也称为 Salabhasana，它可以强化脊柱、臀部、手臂和腿部力量，也可以有效伸展臀部屈肌、胸部和腹部的肌肉。和许多后仰动作一样，它能促进消化。这是进行难度更大的背屈动作之前的有效准备姿势。

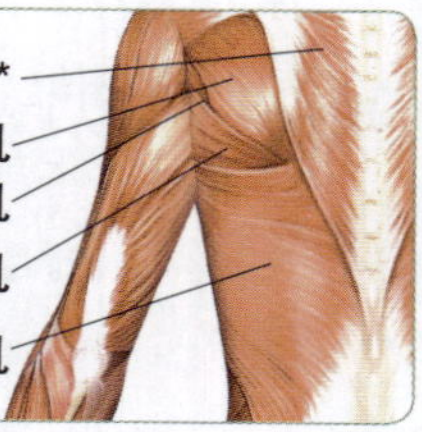

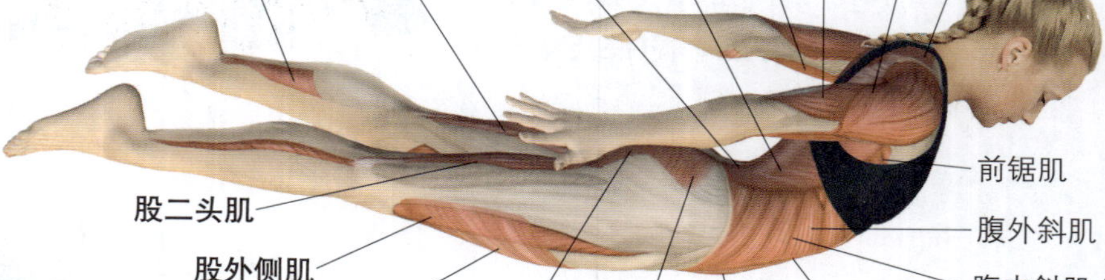

正确姿势
拉伸颈后部，打开胸部，通过整个脊柱拉长背部的弓形。

- 俯卧在地板上，双臂放在身体两侧，手掌向下。双腿向内使膝部朝向地面。
- 压缩臀部，吸气，然后同时抬起头、手臂和腿。
- 尽量抬高，利用骨盆和下腹部保持稳定。保持颈部在中立位置。
- 保持 30~60 秒，重复 1 或 2 次。

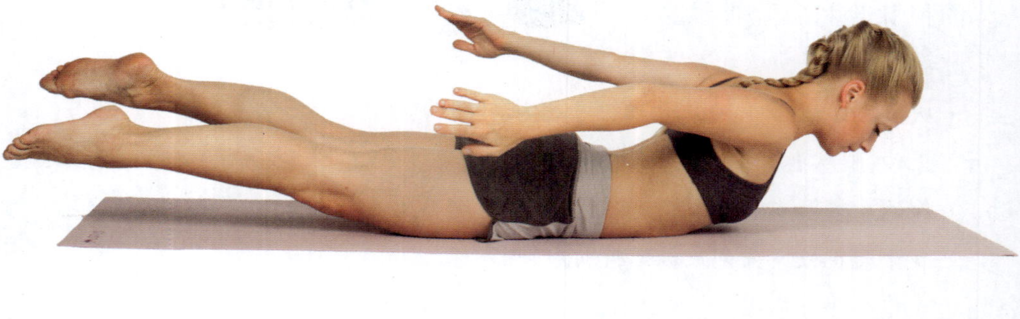

273 蝗虫二式

这种蝗虫式的变化姿势着重锻炼身体下半部，尤其是腹部、臀肌、股四头肌和腘绳肌。

- 俯卧，双臂放在身体两侧。
- 屈肘，手掌向下正好在肩部下方。
- 吸气同时抬起头、胸和双腿。使双腿伸直、足尖伸直。保持 15~30 秒。

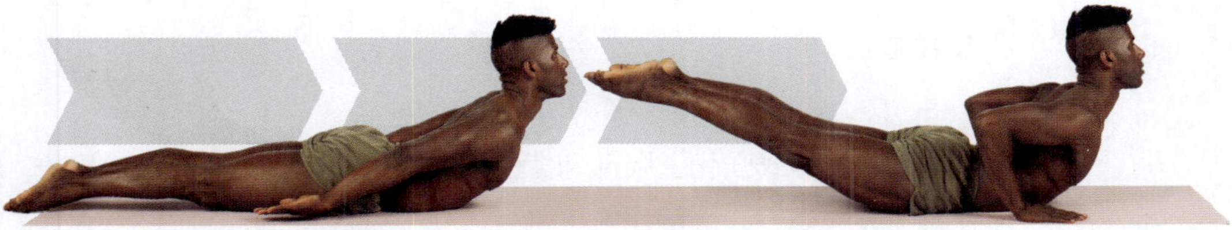

274 反向祈祷蝗虫式

在蝗虫一式（#272）动作中，抬起双臂和双腿，把双手放在背后，并以祈祷的姿势并拢双手。手指应指向头部，双手应下压在脊柱上。

275 蝗虫三式

在基本的蝗虫一式（#272）动作中，双臂和双腿抬高，双臂尽量向后伸直以抬高胸部，手掌张开，头向后仰至垂直位。

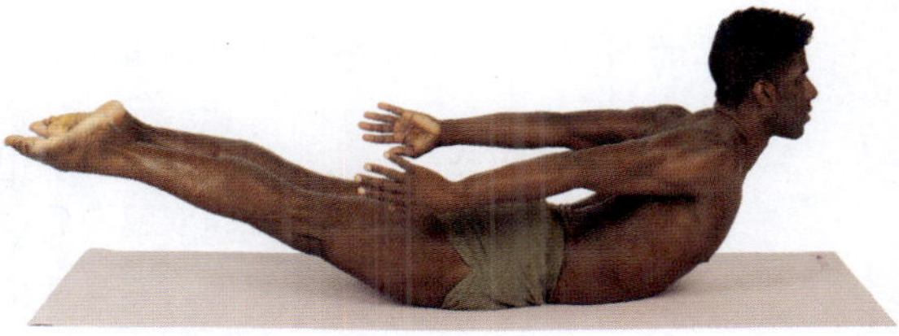

276 双手束缚蝗虫式

在蝗虫三式（#275）动作中，双臂略抬起并伸直；双手在肩部高度紧握在一起，尽量保持肘部伸直。

良好的紧张状态

当双手紧握时，你应该感觉到两侧肩胛骨之间的紧张；胸部也应该打开。

277 超人式

从蝗虫式（#272）动作开始，模仿“钢铁之躯”（Man of Steel）在空中飞行，然后抬头，将手臂移到肩部前方，向前伸展，手指分开。试着用双腿保持原来的高度。

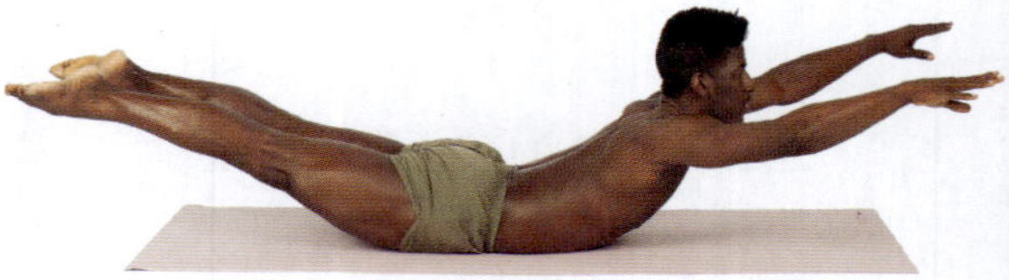

278 反蝗虫式

也称为蚱蜢式，该体式强化了腿部和背部力量。它有助于改善姿态，缓解压力。也被认为可有效治疗便秘和消化不良。

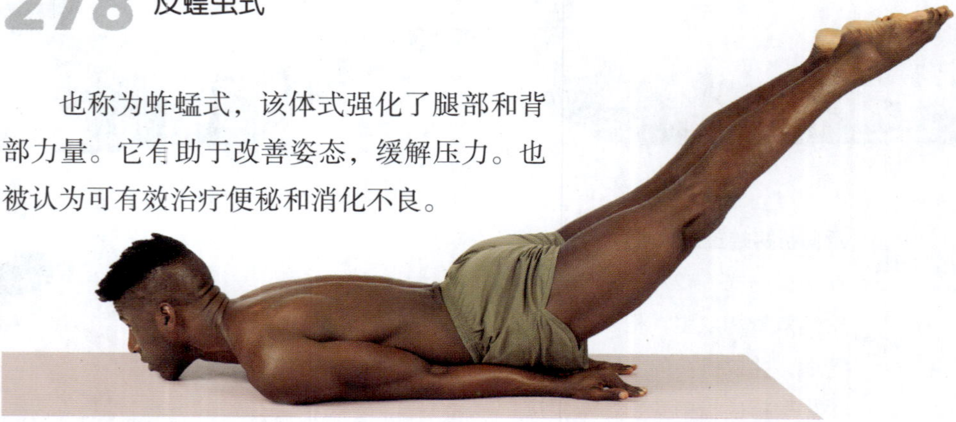

- 这个变化姿势从蝗虫一式（#272）开始，双臂放在身体两侧，掌心向下。
- 将下颌和胸部降到地面上，同时增加抬腿的角度。
- 用你的肩部、手臂和躯干来平衡抬起的下肢。

279 单腿蝗虫式

俯卧，胸部靠在前臂上，双腿向后伸直。弯曲左足接触臀部，左臂后伸，抓住足趾。伸出你的右臂，形成智慧手印（Gyan Mudra）姿势。另一侧重复。

280 献身 Makara 式

当你摆出超人式(#277)时，双臂抬起，双腿完全伸直，屈肘，双臂放在枕后，手指交叉在颈后。不要让双手的压力将头向前推，保持颈部的中立位置。维持腿部的高度。

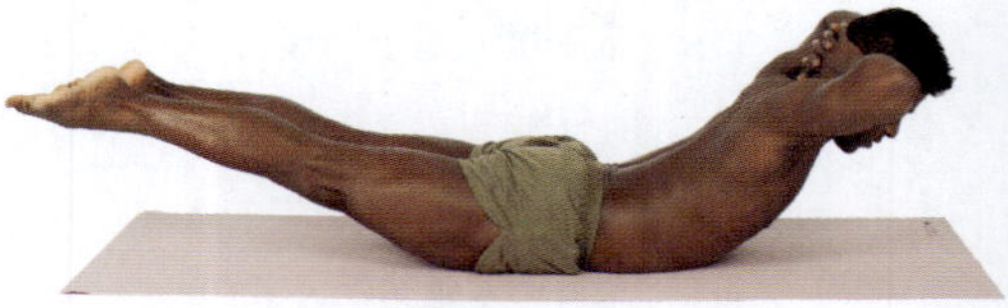

281 美人鱼蝗虫式

在超人式（#277）动作中，头部直立，左腿向臀部弯曲，左臂向后伸，抓住左足踝。你也可以把弯曲的双臂抬到肩部高度。

282 单腿反蝗虫式

从跪姿开始。将手掌放在地面上，手指在膝部两侧指向侧方。屈臂前倾，将胸部的重量放在上臂后面，形成一个三足架结构。左腿向后伸直，用足尖保持平衡。右腿踢到身体上方。

283 高抬反蝗虫式

这是一个非常具有挑战性的姿势，它需要你的上半身和核心肌群的力量，以及背部的柔韧性。根据自己的情况把握练习速度，把足抬到舒适的高度即可。随着时间的推移，抬起的高度将逐渐增加。

- 从跪姿开始。
- 将手掌放在地面上，手指在膝部两侧指向侧方。
- 屈臂前倾，将胸部的重量放在上臂的后面和头部的一侧，形成一个三脚架。
- 每次踢一条腿，保持你自己的蝗虫式平衡。

抬腿

这些拓展的下肢提升运动是锻炼腹部、侧面和背部肌肉的好方法，同时也可以锻炼核心力量和提高脊柱的灵活性。确保利用手臂和手的力量固定住自己。

284

单腿鸽王一式

正确姿势
维持姿势时保持髋部挺直向前。

注意
不要把腹股沟从地面上抬起来——深坐姿。

Eka Pada Rajakapotasana 是一种拉伸臀部、大腿、脊柱、胸部、肩部、颈部和腹部的进阶姿势，对强化脊柱力量效果特别好。如果你的臀部、背部或膝部有任何问题或损伤，注意练习该姿势。你可以保持这个姿势 10 秒至 1 分钟。

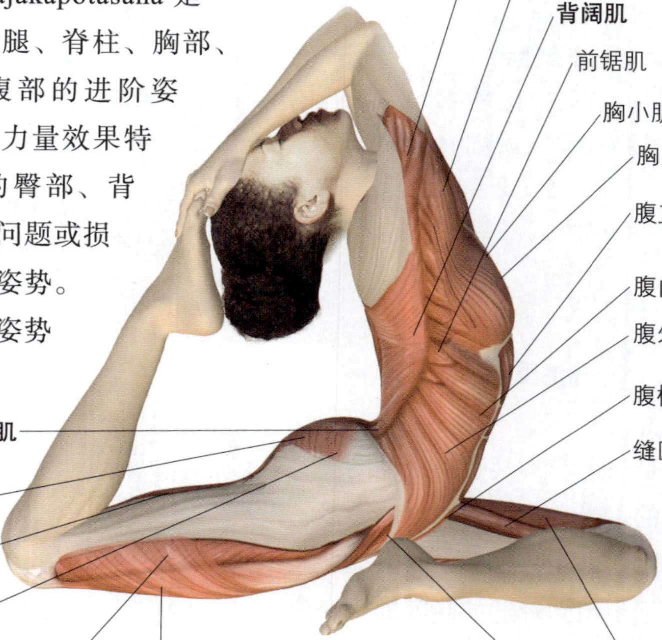

注释
粗体字表示收缩的肌肉
黑体字表示伸展的肌肉
* 表示深层肌肉

- 从下犬式（#338）开始。弯曲左腿，左膝部置于双手之间。把腿侧放在地面上，保持弯曲，足跟靠近耻骨。
- 右腿后滑平放在地面上，膝部向下。
- 指尖下压，抬起胸部，躯干直立。头向后仰，抬起下颌。
- 屈曲右膝右足，使足底朝向头顶。双手向后伸，从足的外侧抓住足趾。恢复直立姿势后换另一侧。

285 单腿鸽王二式

从单腿鸽王一式（#284）动作开始。头部直立，左手松开左足趾，左手放在右膝上。右臂在左臂下交叉，抓住左足趾，足跟靠近臀部。保持30~60秒，然后换另一侧。

286 简化单腿鸽王式

做单腿鸽王一式（#284）动作时，屈左腿放在腹股沟下面，而不是把它压在地面上。你也可以把一只手的指尖放在地板上维持平衡。记得坐姿要深，把腹股沟拉向地面。

287 单腿鸽王三式

在这个姿势中，向后伸手去抓足趾而不是向上伸。

- 从单腿鸽王一式（#284）开始。
- 头部直立，身体前倾，胸部位于左膝部之上。
- 肘微屈曲，左手放在地面上。
- 肩平行于地面，右肘屈曲，抓住右足趾，将其拉向臀部。
- 保持30~60秒，换另一侧。

288 单腿鸽王四式

在单腿鸽王二式（#285）动作中是左手握住左腿，现在将左手放在右腿膝部，保持右腿弯曲放在地面上，右臂后伸，抓在左侧小腿膝部和足踝之间的位置。保持 30~60 秒，然后换另一侧。

289 天神准备式

这个姿势要求脊柱与手臂、肩部一样要有很好的柔韧性。事先做几组基本的背部和肩部动作，确保已经准备充分。

- 从单腿鸽王三式（#287）动作开始，头部稍向后仰。
- 双臂后伸，并抓住弯曲左腿的足踝。
- 小腿应该垂直于地面。如果有必要的话，调整右足的位置。
- 保持 15~30 秒，然后换另一侧。

290 单手伸展鸽王式

在单腿鸽王一式（#284）中，双手握住右侧足趾，现在将右手从足趾上松开，将右臂垂直举过头顶，手指指向上方。保持 30~60 秒，然后换另一侧。

291 单腿鸽王准备

右腿屈曲，身体坐直，大腿和胫骨平放在地面上，足跟朝向耻骨，左腿向后伸直，膝部向下。右手手掌向上，放在右侧膝部，左手放在左足上，手掌向上，手指呈智慧手印（Gyan Mudra）姿势。

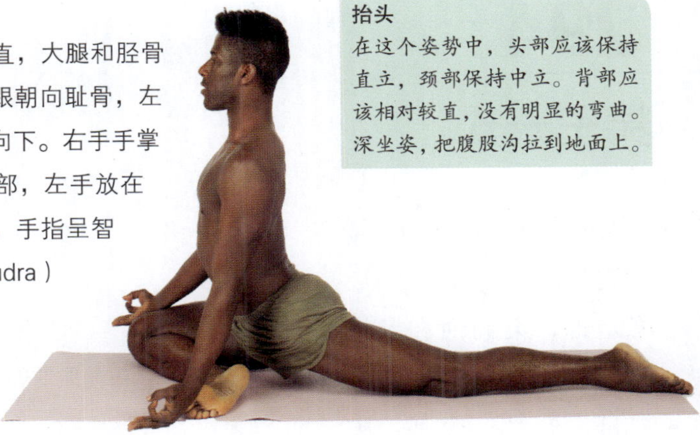

抬头

在这个姿势中，头部应该保持直立，颈部保持中立。背部应该相对较直，没有明显的弯曲。深坐姿，把腹股沟拉到地面上。

292 单腿鸽王五式

从基本的单腿鸽王一式（#284）动作开始，向前伸直右腿，足趾伸直，松开右手，这样左手单独抓住左侧足趾。坚持15~30秒，然后换另一侧。

293 单腿鸽王六式

这个姿势可以拉伸大腿、腹肌、腹股沟、肩部、颈部和胸部，被认为可以刺激腹部器官。一定要让臀肌、腘绳肌和盆底肌充分参与活动。

- 从单腿鸽王一式（#284）动作开始，用双手握住左足趾，右腿向前伸直。
- 减少背部的弧度，抬起头使颈部保持中立位置。

294

舞王一式

正确姿势

保持小腿伸直，收缩肌肉。如果一开始在保持平衡上有困难，那就把手放在墙上。

注意

在做该动作时不要低头看地板，这会使你失去平衡。不要收缩下背部。

Natarajasana称为“舞王式”，是一种需要基础、稳定性、柔韧性和专注力的高级姿势。它伸展肩部、胸部、腹部、腹股沟和大腿，并加强脊柱、大腿、臀部和足踝。该动作对提高平衡感也很重要。

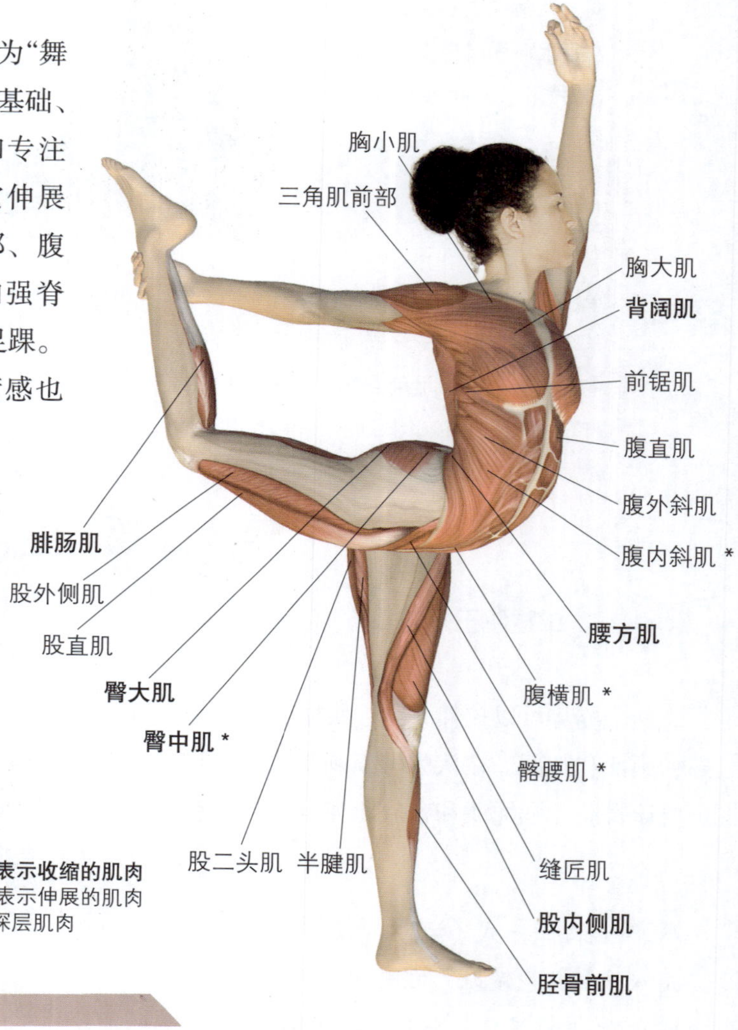

注释

粗体字表示收缩的肌肉

黑体字表示伸展的肌肉

* 表示深层肌肉

- 在山式（#001）中，右膝屈曲，将右侧足跟向臀部伸展，保持髋关节打开。
- 右腿伸至左侧手背，然后右手握住右侧踝关节。
- 抬起尾骨、脊柱和颈部，将右足抬向天花板。同时，将左臂举向天花板，做智慧手印式。保持该姿势 20~60 秒，换另一侧。

295 舞王准备式

在尝试“舞王式”之前，练习一下这个姿势，该姿势不需要使抬起的腿大幅度提升或伸展。

- 从站立和抬起右足开始，膝关节屈曲，用右手抓住足趾。
- 将你的足趾移到右臂肘部，肘部可以稍微降低，然后举起双手做智慧手印式。
- 保持该姿势 30~60 秒，换另一侧腿抬起重复此动作。

打开双臂

在该姿势中，记得要双臂外展。想象一下，你是一个圣殿舞者，当你专注于支撑腿的肌肉时，你会举起手臂弹奏着钹。

296 舞王二式

在舞王一式(#294)中，左手握住左足踝内侧，将左腿向上伸直。伸出右臂，右手做智慧手印式。

重获平衡

当抬起你的后腿时，躯干向前移动是正常的。抬起你的手臂和胸部可以让你重新站起来。它还可以增加身体灵活性。

297 足对肘舞王式

在舞王二式（#296）中，右腿举起，将手移至足的外侧，右足移至右侧肘部。上半身前倾从而保持身体平衡。左臂外展。

298 屈膝舞王式

该动作不需要膝关节屈曲的角度过大。当完成该姿势时，你的两侧大腿应该呈一条直线。

- 在足对肘舞王式（#297）中，右足置于右侧肘关节，躯干向前屈并向左侧屈，左侧膝关节慢慢弯曲，左侧肩关节向前伸并超过左足，左侧肘关节屈曲。
- 两侧双手做智慧手印式。
- 保持该姿势 20~30 秒，换左足和左肩。

299 指对趾舞王式

在这个难度更高的姿势中，当你抬起一只足时，有意识地将身体的重心转移到另一只足上对完成该动作很有帮助。与舞王姿势的基本动作一样，该姿势可以伸展肩部、胸部、大腿、腹股沟和腹部。它有助于增强腿部和踝关节的力量，对提高你的平衡感很有帮助。

- 在山式（#001）中，屈右侧膝关节并且将右侧足跟向臀部靠近。
- 右手向后伸，掌心向外，抓住足趾。
- 肩关节外旋，双侧肘关节指向天花板。
- 左手外旋，抓住你的右侧腕关节。左手向上移动，直到双手抓住右足趾。
- 保持该姿势 20~40 秒；左腿放松，然后换另一侧重复此动作。

提高完成度

如果初期你在这些姿势中难以抓住抬起的足，可以试着使用足带，直到身体柔韧性得到提高。

300 束手舞王式

在舞王指对趾姿势（#299）练习中，握住左足，左侧手臂放松并置于左侧大腿后部。保持左侧大腿向上伸展并且用右手握住左侧足趾。保持该姿势 20~30 秒，换另一侧腿向上伸，重复此动作。

反向两侧结合

这些姿势都会涉及左臂/右腿或者右臂/左腿的结合，该动作还可以锻炼背部、腹部及两侧的肌群。

第四章

手臂动作

许多瑜伽姿势包含手臂的支撑和反转动作。手臂支撑动作主要集中于手臂、肩部和胸部，可以增强腹部肌肉力量，提高脊柱与髋部的柔韧性。这些动作对减缓因年龄增加而导致的肌肉与骨骼退化，以及预防骨质疏松症同样有效。手臂反转动作一般保持头部位置在心脏水平以下，对身体有反重力效应，有益于心血管、淋巴管、神经和内分泌系统。这些动作可促进循环，使肺组织更健康。当开始练习这类动作时，先保持较短时间，同时注意颈部的位置。

301

平板式

正确姿势

保持身体呈一条直线，收紧臀部和腹部，以保持稳定。

注意

臀部不能上翘或者下垂，肩部也不能下垂或上扬。

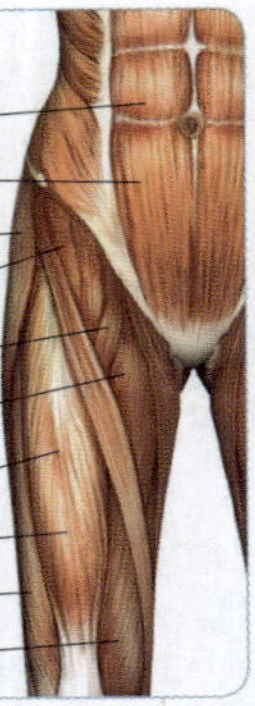

注释

粗体字表示收缩的肌肉

黑体字表示伸展的肌肉

* 表示深层肌肉

这一入门/进阶姿势还没有统一的梵文名称，旨在加强手臂、腹部和手腕部的肌肉力量。在动作练习过程中，保持腿部伸直，使全身的重量平均分布。

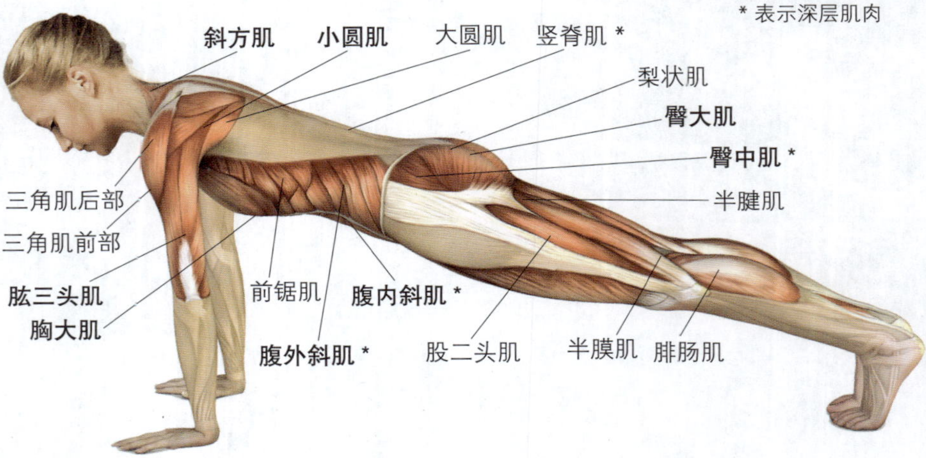

- 开始时采取膝跪地姿势，然后手臂前移，上部躯干由手臂支撑，手腕处于肩关节下方，手掌平放于地面。
- 伸直腿部，足尖着地。
- 增大肩部宽度，双腿并拢，保持该动作30秒至1分钟。

302

平板式准备动作

开始时，膝关节跪姿，身体前倾，前臂垂直于地面。伸直双腿，足尖支撑于地面。

303 单手前伸四肢支撑式

保持平板式（#301），微微分开双足，向前伸出一只手臂，并保持与躯干在同一平面上。

304 单腿伸展四肢支撑一式

该平板式动作的变化主要呈现于整个背部，从颈部到脊柱、臀部、大腿、腘绳肌，最后至足跟。

请确保借助身体两端来支撑整个身体的重量，并保持背部呈弓形。

- 从基本平板式（#301）动作开始，使头部向下，保持在两臂之间，同时背部向上弓起。
- 前抬右膝，使其触及面部。
- 保持 30 秒至 1 分钟，然后换至对侧腿重复该动作。

305 单腿伸展四肢支撑二式

从平板式（#301）动作开始，勾起左足置于右侧小腿上，使其位于右侧足踝上方，足底向外。

306 单腿伸展四肢支撑三式

从平板式（#301）动作开始，抬高右腿，足背绷直并使足底向上，保持该动作 30 秒至 1 分钟，然后换至左腿重复该动作。

307 四肢交替支撑式

从基本平板式（#301）动作开始，抬起左腿，使其与地面平行，此时抬起右臂，向前伸平，手指指向前方。保持该动作 15~30 秒，然后交换至对侧腿和手臂做该动作。

308 支撑旋体单手伸展式

从基本平板式（#301）动作开始，双膝跪地，抬起右侧手臂使其垂直向上，张开手指。同时左臂支撑地面，双腿伸直，双脚并拢。保持该动作 15~30 秒，然后交换至对侧重复该动作。

309 致 Makara 支撑式

从基本平板式（#301）动作开始，借助伸直的手臂来支撑腿和躯干；身体重心下降，用前臂来支撑；肘关节置于肩关节下方，双手紧扣。

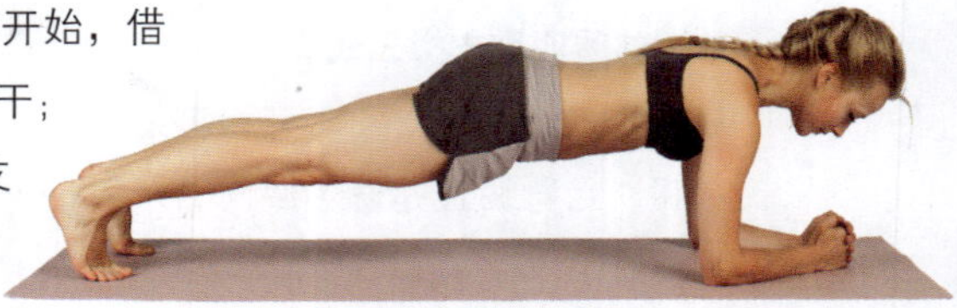

310 单手支撑式

从致 Makara 支撑式（#309）动作开始，手掌朝下，伸展右臂，并向前向上伸展；手指分开，保持该动作 30 秒后，换至对侧手臂重复该动作。

311 单腿支撑式

从致 Makara 支撑式（#309）动作开始，上抬右腿，足尖绷直，并使其与躯干呈一条直线。保持颈部于中间位置。保持该动作 15~30 秒，然后换至对侧腿重复该动作。

312 单手支撑旋体式

从致 Makara 支撑式（#309）动作开始，双膝跪地，垂直向上抬起右臂，手掌伸平，使左肘关节和右手呈一条直线。随后，伸直双腿。

313

恰图兰卡式

正确姿势

收紧臀部和躯干肌群，尽量借助你的腹部肌群来维持稳定，同时注意双腿要并拢和伸直。

注意

不要让自己的肩部下沉或耸起，切记保持颈部位于中间位置。

也称鳄鱼式、四肢支撑式、低位平板式，该动作可加强腹部肌群、肱三头肌、胸部肌群、肩胛肌群及腕部肌群的力量。刚开始锻炼时，如发现该动作较难完成，可采取膝部着地姿势。当有肩、手腕和下背部损伤时，切勿尝试进行该动作。

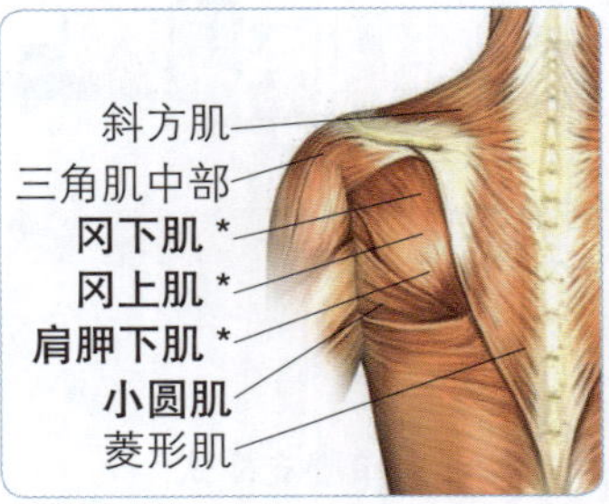

注释
粗体字表示收缩的肌肉
黑体字表示伸展的肌肉
* 表示深层肌肉

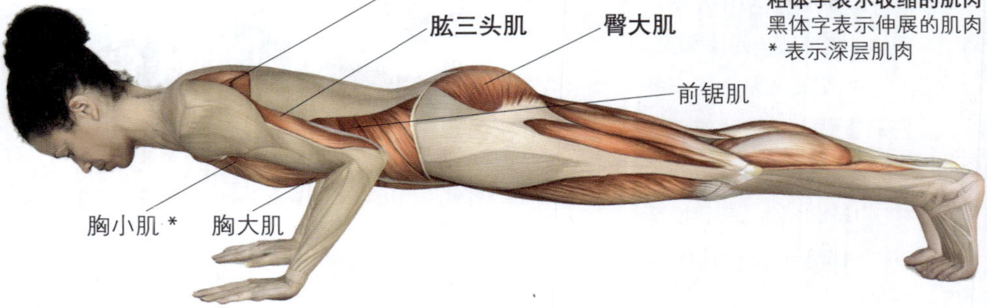

- 从基本平板式（#301）动作开始，打开胸部及肩部，并收紧背部。
- 呼气，轻轻地伸直双腿，使身体下降直至上臂与脊柱平行。
- 收紧腹部，肘部紧贴身体两侧，保持该动作15~30秒。

呈直线状态

这一动作的理想状态是：使整个躯干和腿呈一条直线，平行于地面。

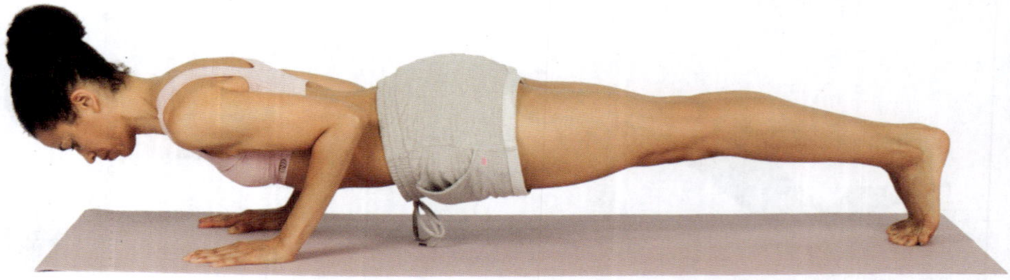

314 四肢支撑式

从恰图兰卡式（#313）动作开始，降低膝部使其置于地面，降低胸部使其距离地面在 2.5 厘米之内，保持该动作 15~30 秒。

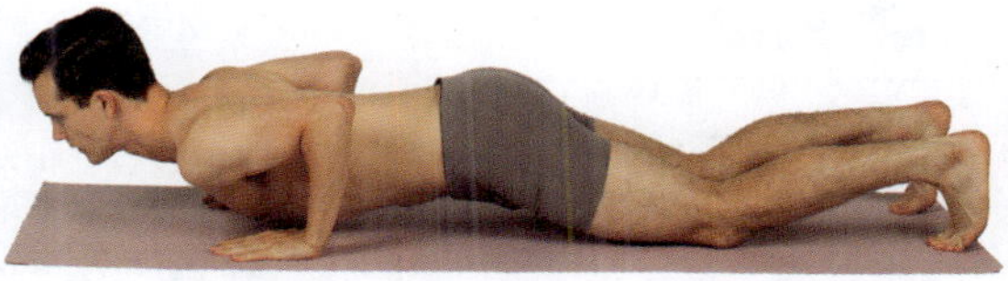

315 旋体四肢支撑式

从恰图兰卡式（#313）动作开始，旋转下半侧肢体，保持腿部伸直，双侧足踝并拢，直至左侧肢体贴地；保持双侧肩部方正。换至对侧重复该动作。

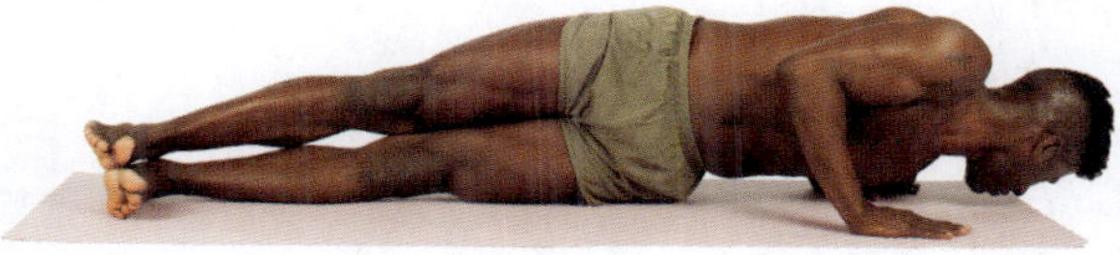

316 单腿四肢支撑式

从恰图兰卡式（#313）动作开始，胸部贴近地面，上抬并绷直右腿，足尖伸直。保持该动作 20 ~30 秒，换至左腿重复该动作。

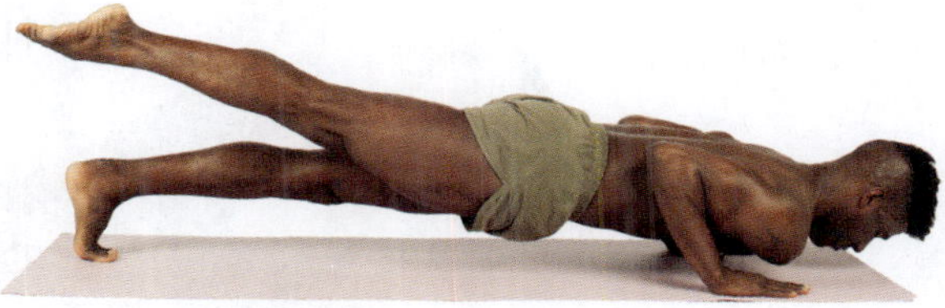

317 支撑式侧伸腿

从恰图兰卡式（#313）动作开始，旋转髋关节，外伸右腿，使之与躯干呈直角，足掌朝外。尽量保持右腿与躯干在同一平面上。

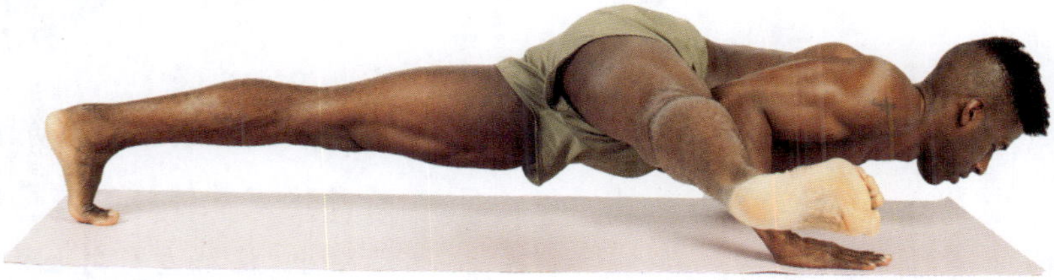

318 单手四肢支撑式

从恰图兰卡式(#313)动作开始，伸直手臂，支撑躯干，两足分开，与肩同宽。弯曲左臂，并将手掌置于心脏前方。保持该动作 15~30 秒。

319

侧平板式

正确姿势

尽可能伸长肢体，保持头部和足跟呈一直线；如果有必要，从略微上抬手部开始，将手置于肩部前方。

注意

不要将臀部抬得过高；不要下沉或摇晃髋部或肩部。

Vasisthasana 或侧平板式，是一类初学者练习的动作，可增强手腕、臂部、腿部和腹部的肌肉力量，同时也有益于改善平衡感。如有手腕、肘部或肩部损伤，切勿尝试做该动作。

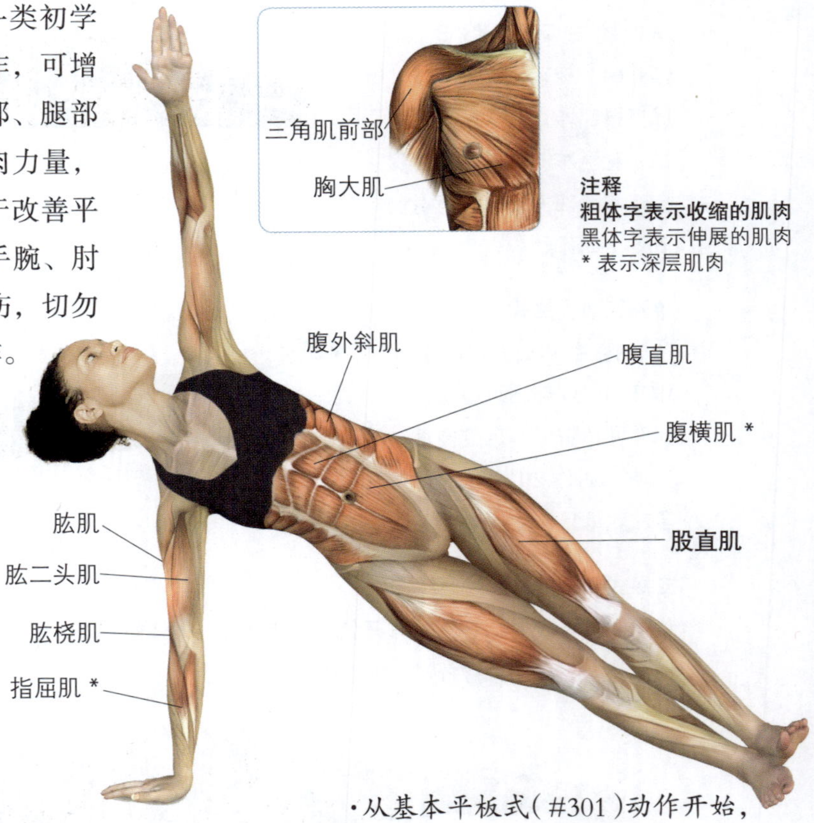

注释

粗体字表示收缩的肌肉

黑体字表示伸展的肌肉

* 表示深层肌肉

- 从基本平板式（#301）动作开始，将身体重量转移至右足外侧和右臂上。保持左肩向上并向后。
- 将左足置于右足上方，并拢双腿并伸直。
- 呼气，垂直上抬左臂，双目注视指尖。保持该动作 15~30 秒，换至对侧肢体重复该动作。

320 致 Vasishta 式

从左侧平板式（#319）动作开始，将右腿交叉置于伸直的左腿上方，足部紧贴地面。先将右臂紧贴躯干，然后上抬右臂，直指正上方，双眼注视指端。

321 致 Vasishta 式基础上的树式

从左侧平板式（#319）动作开始，弯曲右腿，将右足贴于左侧大腿上部的内侧，同时右手置于右膝上方。向外侧倾斜左足，以抬高髋关节的角度。

322 转体侧伸腿致 Vasishta 式

此平板式的变化动作为纪念 Sage Vasishta 而命名，Vasishta 是神圣的吠陀萨迦创始人。作为神牛 Kamadhenu 和其后代 Nandini 的拥有者，Vasishta 在印度神话中以与 Sage Vishvamitra 的冲突而闻名。

- 从右侧平板式（#319）动作开始，右腿屈曲，右足置于左膝上方。
- 左手置于右膝上方，呈智慧手印式。
- 上抬左臂，使其与躯干垂直，左手向外伸展。保持该动作，然后换至对侧重复该动作。

323 踻趾致 Vasishta 式

从侧平板式（#319）动作开始，屈曲右膝，足趾向后。上抬左腿，用左手抓住左足趾。或在完全侧平板式情况下，用手抓住足趾。

324 致 Vishvamitra 式

此侧平板式的变化动作为纪念 Sage Vishvamitra 而命名，Vishvamitra 是古印度最受尊敬的萨迦之一。他是一位国王，也是著名的勇士，但他放弃了他的王位去获得心灵的力量。练习该动作需要髋关节柔韧性和核心力量，同时还需要较好的平衡感。

- 从左侧平板式（#319）动作开始，旋转左腿，并将其置于左臂后方，足尖向上。
- 右手弯曲，跨过头部，抓住左足的外侧缘。
- 保持该动作15~30秒，换至右侧重复该动作。

325 侧膝平板式

从侧平板式（#319）动作开始，左前臂着地支撑，膝部着地，小腿向后屈曲；双足并拢离开地面。上抬右臂，垂直指向上方，双眼注视右手手掌。

326 侧平板支撑式

从右侧平板式（#319）动作开始，双腿伸直，左手置于髋部；降低躯干，并依靠在右前臂上。保持该动作15~30秒，换至对侧重复该动作。

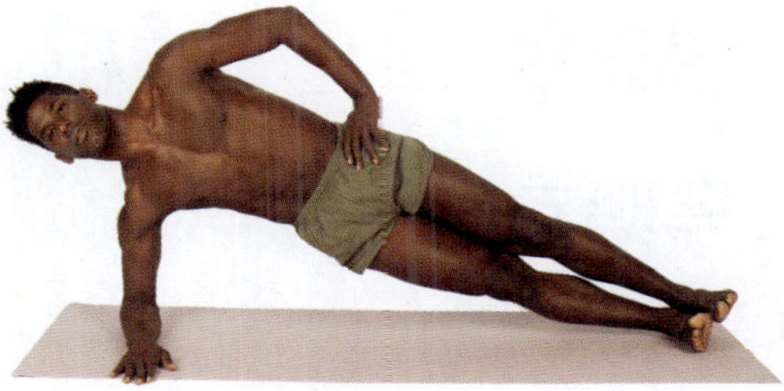

327 臂伸展支撑侧平板式

当你练习此基本侧平板式的变换动作时，需借助核心肌群和臀部肌群来保持平衡和维持稳定。

- 从左侧平板支撑式（#326）动作开始，腿部伸直，双足并拢，上抬左臂使其垂直向上。
- 屈曲左腿，并将其置于右腿前方；将左足置于右大腿上部的下方，足尖着地。保持该动作15~30秒，交换至对侧重复该动作。

328 屈膝支撑侧平板式

从左侧平板支撑式（#326）动作开始，将右腿置于左腿上方，上抬右臂；屈曲右腿，右足外侧紧贴左侧大腿上部，足趾伸直。保持该动作15~30秒。

329

乌鸦式

正确姿势

凝视地面上的某一位置以维持平衡。如果你害怕向前摔倒，可在身体前方放一张折叠的垫子。

注意

不要以跳跃的方式进入此动作，而是一次抬起一只脚。不要下垂头部，保持其处于中间位置。

该动作也称为鹤禅式或起重机式，可增强和协调手臂、肩部、腹部和腕部的力量。该动作是增强平衡能力的有效方法，同时也是控制臂部平衡的有效引导动作。

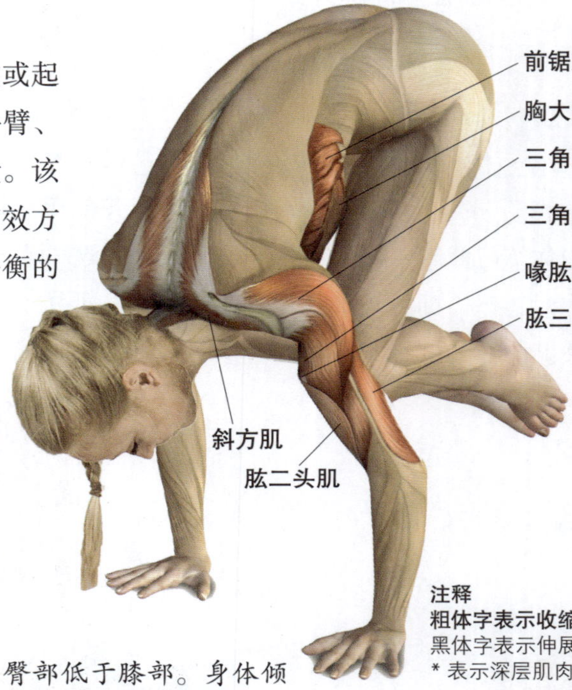

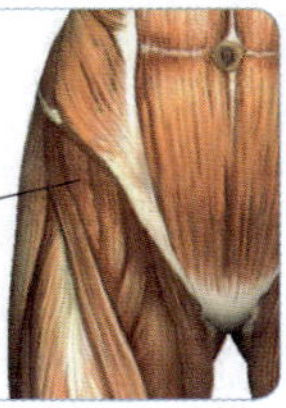

注释
粗体字表示收缩的肌肉
黑体字表示伸展的肌肉
* 表示深层肌肉

- 降低身体呈深蹲姿势，臀部低于膝部。身体倾斜向前，将双手置于前方，手指分开。
- 屈曲肘关节，将膝部靠在上臂处；以足尖为支点上抬身体，小腿沿上臂滑动。
- 转移身体重量至手腕部，一次抬起一只足，调整身体直至找到平衡。保持该动作 20 秒至 1 分钟。

330 侧乌鸦一式

双手置地蹲下，手臂分开置于屈曲膝部的外侧。将左大腿外侧靠近右臂上部；身体倾斜向前，抬起臀部和大腿使之离开地面。

331 八角式

双手置地蹲下，手臂分开，左臂置于右膝部后方。身体倾斜向前，上抬骨盆和大腿使之离开地面。左、右足相互交叉。

332 公鸡式

从莲花座式（#415）动作开始，双手穿过两侧小腿和大腿，平置于地面，手臂靠近膝部。呼气，抬起身体离开地面，用腕和手支撑身体重量。

333 秋千式

小腿交叉，坐于足跟上，膝关节屈曲。将双臂置于髋关节两侧，两肩分开；向上向前抬起躯干，使之离开地面，将双腿置于身体后方。

334 膝臂分离鹤禅式

从基本的乌鸦式（#329）动作开始，向前移动身体重量和重心，直至抬起膝部并使其稍稍离开上臂后方（肱三头肌），保持膝关节屈曲，双足并拢，足尖伸直。

335 双手臂平衡式

从乌鸦式（#329）动作开始，慢慢压低身体，同时挺直支撑的手臂和双腿；向两侧打开双腿，并使大腿内侧紧靠上臂。

336 单腿乌鸦式

从乌鸦式（#329）动作开始，向前移动身体重心，直至肘部处于胸部下方，然后腿部向后伸直，足尖绷直。左膝屈曲，并使之靠近左臂后方（肱三头肌）。

337 侧乌鸦二式

从侧乌鸦一式（#330）动作开始，屈曲双腿并倚靠于一侧肘关节处，上抬臀部，使之与上半身呈向前的角度。

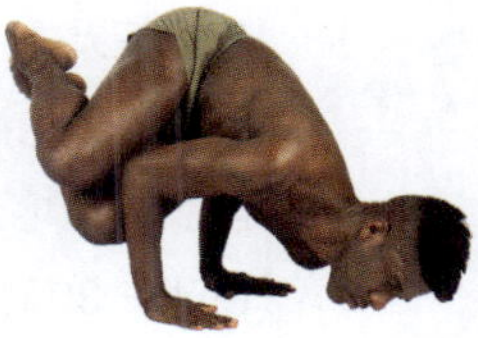

338

下犬式

注意
不要使肩部下陷，避免脊柱弯曲。

正确姿势
第一次练习该动作时，膝关节可屈曲，足跟可抬起。收紧大腿，拉长脊柱，以减轻肩关节的压力。

该动作也称为 Adho Mukha Svanasana，这一初学者的动作可拉伸肩部、腘绳肌和小腿，也可增强臂部和腿部力量。如患有腕管综合征，请避免练习该动作。

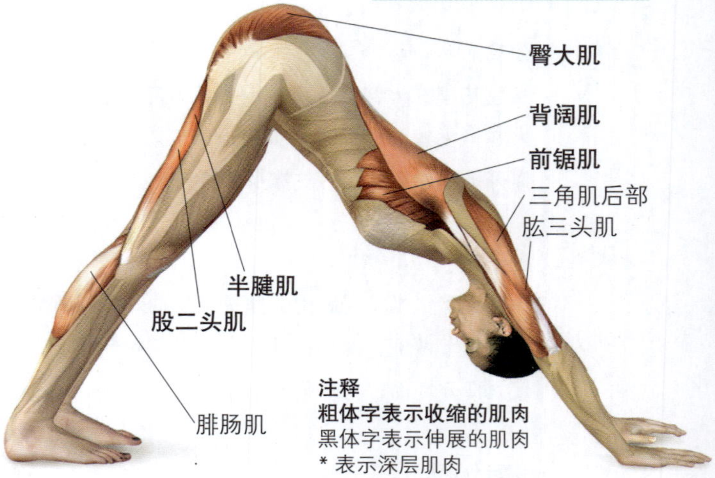

注释
粗体字表示收缩的肌肉
黑体字表示伸展的肌肉
* 表示深层肌肉

- 双手和双膝着地，膝关节位于髋关节下方，足趾弯曲。呼气，上抬臀部。
- 以足跟和手掌为支撑点，伸直两侧的膝关节和肘关节，使头部夹于两臂之间。保持该动作30秒至2分钟。

339 旋体下犬式

从下犬式（#338）动作开始，旋转腰部，伸出右手，经身体后方触碰左脚的外侧缘。

340 足尖下犬式

从下犬式（#338）动作开始，弓背向上，踮起足尖，屈曲膝部，使膝部向前贴近前额。

341 分腿下犬式

从下犬式（#338）动作开始，双腿自然舒适地分开，足掌着地。保持该动作 30 秒至 1 分钟。

342 **前额触地下犬式**

从下犬式（#338）动作开始，双手慢慢前伸，手掌着地，保持双足站稳，直至头部触地。

343 **支撑下犬式**

从下犬式（#338）动作开始，双手慢慢前伸，手掌着地，保持双足站稳，直至头部触地。将手臂抽回，屈曲肘关节直至前臂触地，同时头部上抬使其离开地面。

344 **牵手下犬式**

从下犬式（#338）动作开始，双腿分开。双手慢慢前伸，手掌着地，保持双足站稳，直至头部触地。将身体重量转移至头部，上抬双臂，双手反握。

345 **Shivalinga 式**

从跪姿开始，团身收腹；头顶着地，并使其贴近大腿。双臂前伸，使之与地面平行，同时双手紧握。

346 **压耳式**

从 Shivalinga 式（#345）开始，伸出双手握住双足足掌，头部靠近或紧贴大腿。

347 **屈膝下犬式**

从下犬式（#338）动作开始，上抬右腿直至大腿与地面平行；然后屈曲膝关节，伸直足趾。确保脊柱伸直，头部向下位于两臂之间。

保持着地

在做任何一个抬起或伸直动作时，请保持手、足着地姿势，用手臂和腿来支撑，并保持脊柱和头部在一条直线上。

348 **伸腿下犬式**

从下犬式（#338）动作开始，上抬右腿，使其垂直向上，趾尖向上。保持该动作15~30秒，然后交换至对侧重复该动作。

349

犁 式

正确姿势

躯干尽量垂直于地面，喉部和舌均放松，在肩下垫一个毯子以缓解背部压力。

注意

腿部下降过程中避免摇晃，应控制好并缓慢下降。

该动作也称为 Halasana，这一中级动作可减缓压力，舒缓头痛和背痛，此外还有帮助消化的作用。

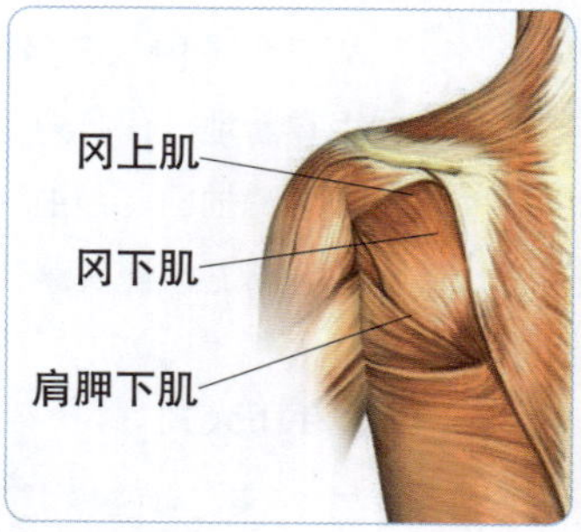

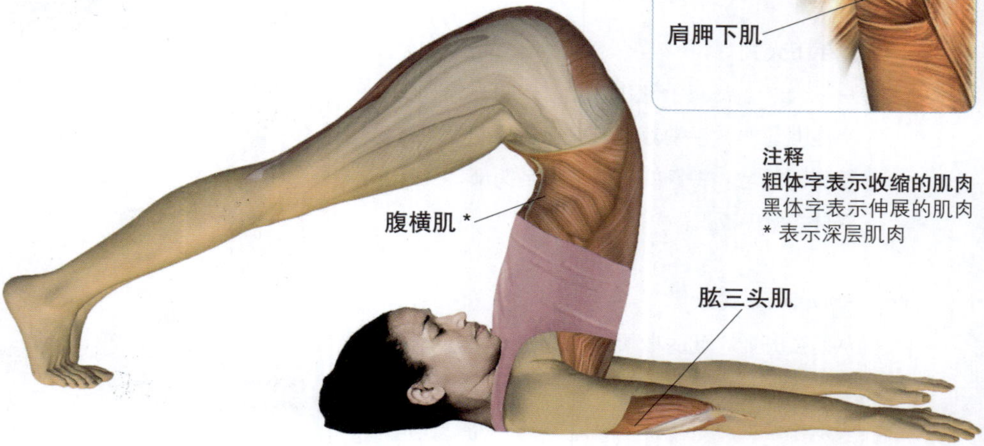

注释

粗体字表示收缩的肌肉

黑体字表示伸展的肌肉

* 表示深层肌肉

- 仰卧位，手臂置于身体两侧，屈膝并上抬双腿，手臂压地作为支撑，抬起臀部。
- 卷曲背部使其离开地面，用屈曲的手臂支撑下背部。
- 伸展双腿，使其越过头部，然后足趾着地。

350 改进犁式

从犁式（#349）动作开始，腿部伸直，足趾置于地面并向前弯曲，调整足趾位置以便大腿能尽量靠近头部。上抬双手，支撑背部。

351 牵手犁式

此动作是在犁式动作基础上的进一步改进，双手相握以增加肩部的牵拉程度。

- 从犁式（#349）动作开始，双肩分开，躯干与地面垂直。
- 双手紧握。
- 保持该动作 30 秒至 1 分钟。

352 手触足犁式

从改进犁式（#350）动作开始，双手越过肩部握住双足。此时，髋关节位于肩部上方。

353 单腿犁式

从犁式（#349）动作开始，将右臂置于头部右侧，肘关节屈曲，头部着地。将伸直的右腿置于右肘关节上方，同时左腿屈曲。

354

肩倒立式

注释
粗体字表示收缩的肌肉
黑体字表示伸展的肌肉
* 表示深层肌肉

该动作也称为 Salamba Sarvangasana 或支撑肩倒立式，该中级动作可拉伸肩部、颈部和脊柱上部，促进消化，并对缓解压力也有益处。可靠墙练习；如果不能直接抬起骨盆完成倒立，也可借助墙面支撑抬起双足。

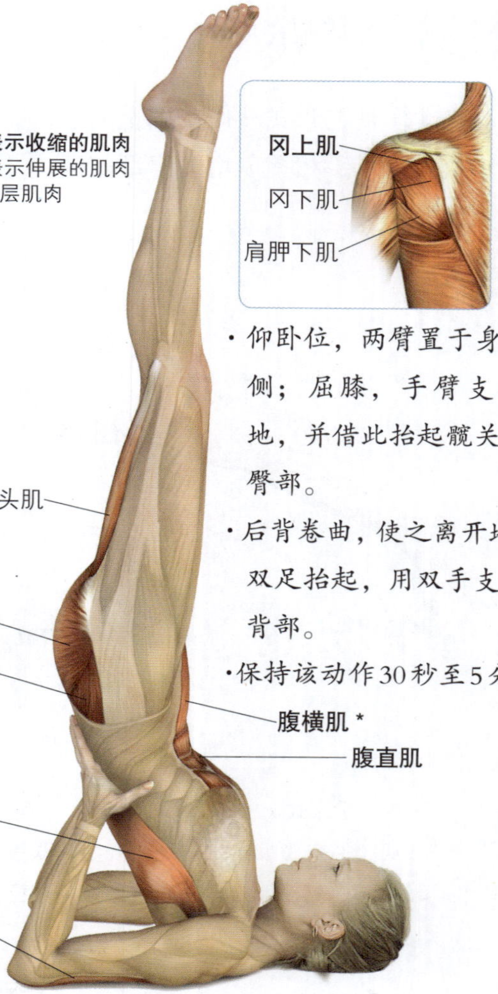

- 仰卧位，两臂置于身体两侧；屈膝，手臂支撑于地，并借此抬起髋关节和臀部。
- 后背卷曲，使之离开地面，双足抬起，用双手支撑下背部。
- 保持该动作 30 秒至 5 分钟。

正确姿势

放松喉部和舌；如果该动作使颈部过度绷紧，可在肩下垫个垫子。

注意

一旦完成倒立，髋关节不要屈曲，因为这样会使颈部和脊柱受压；肘关节不要向两侧张开。

355

反转肩倒立式

从肩倒立式（#354）动作开始，双腿抬高，足尖伸直；右腿向前下降，直至足尖着地，足趾朝向头部。保持该动作 30 秒至 1 分钟，然后换至对侧重复该动作。

356 单腿支撑肩倒立式

从肩倒立式（#354）动作开始，左腿前伸，脚尖伸直并着地。保持该动作 30 秒至 1 分钟，交换至对侧重复该动作。

357 收腿式

从肩倒立式（#354）动作开始，屈曲左膝，使其尽量靠近髋关节，足尖向上。保持该动作 30 秒至 1 分钟，交换至对侧重复该动作。

358 牵手肩倒立式

从肩倒立式（#354）动作开始，将双手从背部移开，并维持身体重心平衡；双手紧握，并向身后伸展。

359 手握小腿无支撑肩倒立式

从肩倒立式（#354）动作开始，将右腿缓慢放下并触地，双手握住右侧小腿；同时，上抬的左腿伸向前方，以保持身体平衡。

360 手触足尖肩倒立式

从肩倒立式（#354）动作开始，将左腿放下并触地，用左手抓住左足足尖；将右臂放在身后起支撑作用。

361 致 Garuda 式

从肩倒立式（#354）动作开始，稍稍屈曲左腿，右小腿缠绕在左膝前方。保持脊柱垂直于地面。

362 单腿无支撑全身式

从肩倒立式（#354）动作开始，将右腿放下，直至足尖着地并朝向头部；上抬双手，将其置于大腿两侧。

363 无支撑肩倒立式

从肩倒立式（#354）动作开始，使躯干和腿在颈部稍稍弯曲；上抬手臂，直至将双手平放在大腿两侧。

364

头倒立式

注释
粗体字表示收缩的肌肉
黑体字表示伸展的肌肉
* 表示深层肌肉

注意
不要将太多身体重量放在颈部，将其均匀分布于前臂。不要跳跃进入该动作，也不要一次踢起一只足。

此进阶动作也称为 Salamba Sirsasana，可增强和调节腹部力量，强健臂部、腿部和脊柱。该动作对促进身体平衡尤为有益。在伸腿过程中，如果不能避免脊柱下沉或弯曲，可轻微屈曲膝部。

- 从前额触地下犬式（#342）动作开始，将头部埋于双臂怀抱中，双手手指交叉。
- 双腿向前移动，转移身体重量至肩部和前臂，直至坐骨朝向正上方。呼气，弯曲膝部，踮起足尖，将大腿贴近腹部。深吸气，寻找身体平衡。
- 呼气，慢慢抬起双足，足尖朝向正上方；伸直双腿，使尾骨向耻骨方向卷起。保持该动作10秒至3分钟。
- 同时放下双足，以结束此动作。

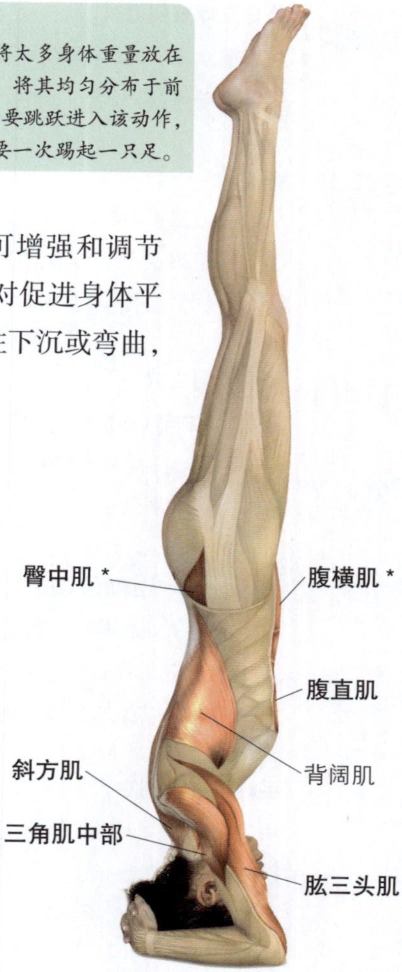

正确姿势
抬高双腿时，躯干应与地面垂直。如果不能在头部倒立时保持身体平衡，可用肩部背面支撑于墙的方法练习该动作。

365 单腿头倒立式

从头倒立式（#364）动作开始，双腿同时伸直向上，足尖指向正上方；左腿轻度后伸，同时右腿伸向前方，直至右足足尖接近地面。

366 收腿屈膝式

从基本的头倒立式（#364）动作开始，双腿抬高，右腿稍向后伸；左腿前伸，左膝屈曲，直至左侧大腿与地面平行，足尖朝向正上方。

367 Svastika 腿式

该动作是头倒立式极具挑战性的变换，需要控制力、专注力和巨大的核心稳定性。Svastika 或钩状连接交叉，是一个古老而神圣的印度符号，象征财富或幸福。此外，它还代表太阳在天空中的移动轨迹。

- 从基本的头倒立式（#364）动作开始，缓缓分开双腿，直至两侧大腿几乎平行于地面。
- 前侧腿屈曲，足尖朝上，然后后侧腿屈曲，足尖朝下。

368 坐角式

从基本的头倒立式（#364）动作开始，将身体重量置于前臂，慢慢向外侧屈曲膝部，直至双足足掌能相互接触。

369 向上莲花式

从头倒立式（#364）动作开始，向外侧屈曲双膝，使双腿呈莲花式；左足足跟向后紧贴右侧臀部，左侧小腿紧靠右侧胫骨。保持该动作 30 秒至 2 分钟，交换双腿重复该动作。

370 起重机式

从基本的头倒立式（#364）动作开始，双手分开，手掌平放于地面。屈曲双膝，大腿向下直至贴近腹部，同时保持小腿和足尖朝上。

371 单腿伸直起重机式

从起重机式（#370）动作开始，双膝屈曲，紧靠腹部；向侧方伸直左腿，足尖绷直。保持该动作 30 秒至 2 分钟，交换至对侧腿，重复该动作。

372

向上平板支撑式

正确姿势
使用股后群肌和肩关节分别打开髋关节和胸部，而不是过度拉伸背部。

注意
不要使用臀部肌肉来保持此姿势，也不要使臀部下垂。

此中级动作也称为 Purvottanasana，可强健脊柱、手臂和股后肌群，同时也可拉伸髋部和胸部。切记要平稳呼吸，借助呼吸来加强背部的伸展。如患有颈部或手腕损伤，请勿尝试练习此动作。

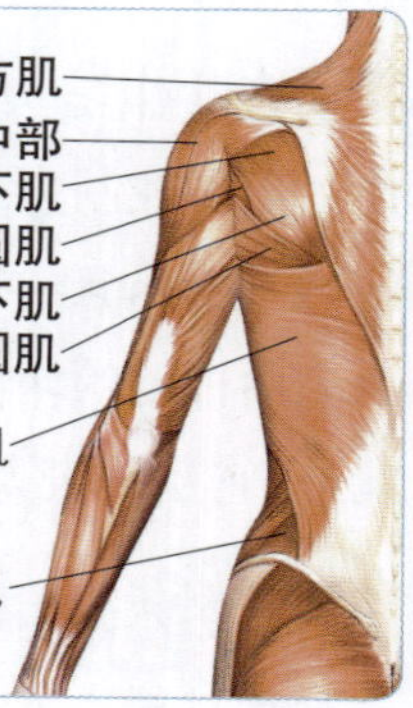

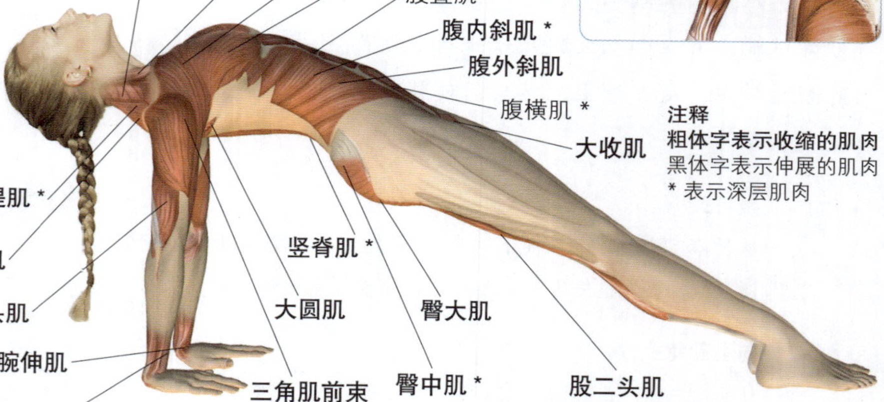

注释
粗体字表示收缩的肌肉
黑体字表示伸展的肌肉
* 表示深层肌肉

- 从手杖式（#381）动作开始，双腿伸直；双手掌触地，距离髋关节后方约一足（30 cm）的距离，手指向前。
- 膝关节向上抬起，朝向胸部，使足跟距离臀部约一足（30 cm）的距离。
- 上抬髋部，直至背部和大腿与地面平行。分别伸直双腿。抬起胸部，肩胛骨向内靠拢，使背部呈弓形。伸长颈部，保持后伸。保持该动作 30 秒。

373 足分开东方强烈伸展式

该动作是向上平板支撑式的变式，需要更多的下肢拉伸，重点在于股后肌群。两侧肩胛骨靠拢，确保胸部打开。如果刚开始时，股后肌群不够强壮，无法维持身体上抬，可稍稍屈曲膝部。

- 从向上平板支撑式（#372）动作开始，双腿伸直，双足并拢，足尖指向前方。
- 双足分开，与肩部同宽；抬起双足，足尖垂直向上，直至足跟支撑起身体重量。
- 保持该动作 30 秒，恢复至手杖式姿势（#381）。

足跟缓解
这可能有益于足底筋膜炎症状的改善，因为该动作同时拉伸了足跟和小腿。

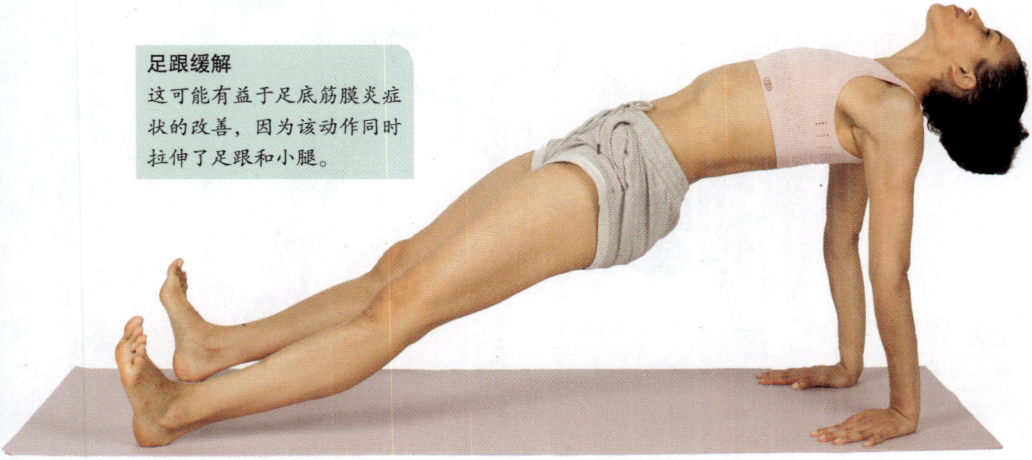

374 东方强烈伸展式

从向上平板支撑式（#372）动作开始，借助肘关节的支撑降低身体，稍稍抬起足尖，使腿部、臀部、脊柱和肩部形成一个扁弓形。

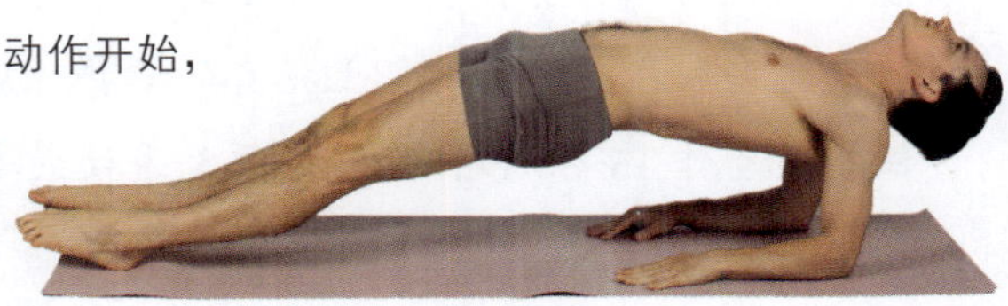

375 半东方强烈伸展式

从向上平板支撑式（#372）动作开始，手臂和腿伸直；弯曲膝盖，臀部下沉。确保上半身和头部在同一位置，背部轻微弓起。

376 足尖半东方强烈伸展式

该动作是向上平板支撑式的变式，有指尖和足尖的动作要求，有益于改善身体的稳定性、专注力和平衡力。练习时请确保下颌上抬，颈部拉长，头部向后倾斜，但不要使颈部缩入双肩之间。

- 从向上平板支撑式（#372）动作开始，手臂和腿伸直，髋关节上抬；屈曲双膝，降低臀部，并使其距离地面约一足（30 厘米）的高度。
- 借助足趾和指尖的支撑，上抬身体。脊柱应保持伸直状态，避免发生弯曲。
- 保持该动作 15~30 秒，然后恢复至手杖式姿势。

377 单腿半东方强烈伸展一式

取仰卧位，手臂向两侧伸展，掌心向下。将躯干下半部移至一侧髋关节上方，将左足和左小腿置于右膝下方。保持该动作 30 秒至 1 分钟，交换至对侧腿重复该动作。

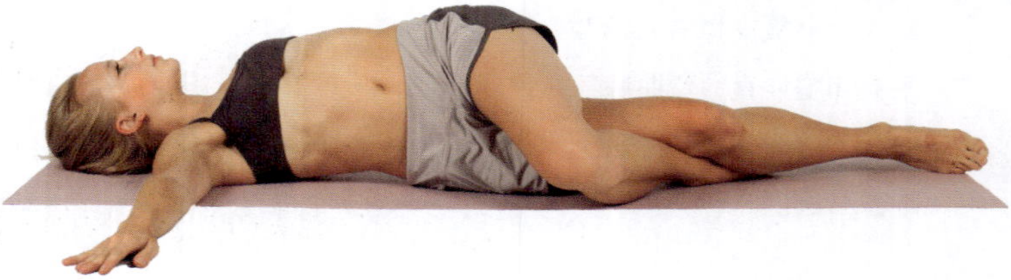

378 单腿半东方强烈伸展二式

从单腿半东方强烈伸展一式（#377）动作开始，将右手放置于左膝上，并轻柔地将膝部按压至地面。

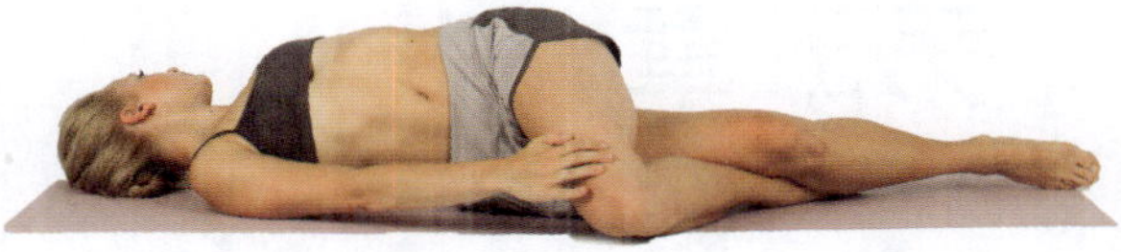

379 单腿前臂式

从向上平板支撑式（#372）动作开始，屈曲左膝和左肘关节，使身体倚靠在左前臂上方。上抬右腿，并将右足置于左膝上方。同时，上抬右臂，并将右手置于右耳处。

380 旋体手触足半东方强烈伸展式

该动作是向上平板支撑式的另一变化动作，有助于增强身体的平衡力、控制力和专注力。练习时，确保身体重量平均分配至支撑的前臂和足部，同时保持颈部伸展。

- 从向上平板支撑式（#372）动作开始，将身体重量置于右肘关节上。
- 屈曲左膝，使其与地面呈直角，足掌贴于地面。
- 向上伸直右腿，足尖垂直向上。
- 抬起左臂，抓住右腿足踝的外侧。

第五章

坐姿与扭转式

坐姿瑜伽体位或体式，可以加强核心力量，改善姿势和脊柱灵活性。坐姿体式可以缓解脊柱的紧张，并提供放松的和触地的感觉。通常，我们在坐着的体式中冥想，这有助于将脉轮从脊柱底部对准头顶。

坐姿瑜伽中的扭转体式可以促进脊柱更大范围地运动，缓解背部疼痛。扭转体式通过拉伸脊柱和扩展椎骨之间的空间来激活身体。在瑜伽姿势中增加一些扭转的动作，比如前弯曲和后弯曲的动作，可以使身体得到恢复。

381

手杖式

手杖式，也称棒式和 Dandasana，是一个有助于改善姿势的接地体式。把脊柱想象成连接头顶部和尾骨底部的“拐杖”。

正确姿势

大腿稍微向内旋转，当双足弯曲时，伸出足后跟。同时下沉双侧肩部。

注意

不要弓背；如果需要纠正姿势，请在臀部下方放一条卷起的毛巾。

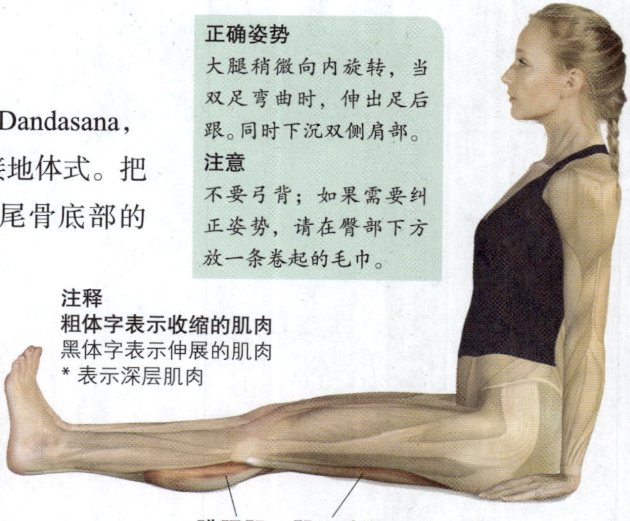

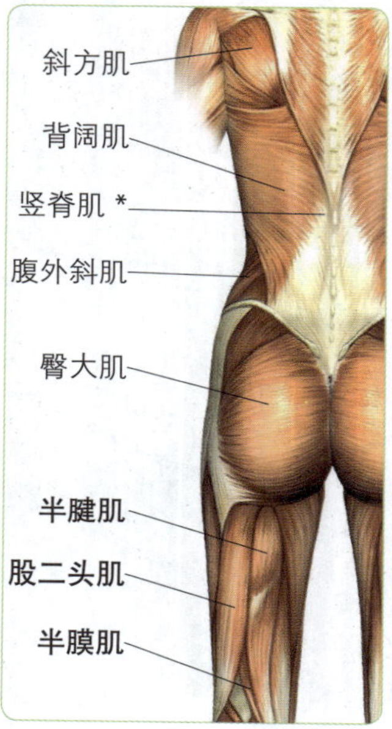

- 坐在垫子上，双腿向前分开约与臀部同宽。
- 双足屈曲，将双手放在身体两侧，指尖朝前。
- 将头部对准心脏和骨盆，向下推入坐骨。
- 坚持该动作 1 分钟或更长时间。

382 反转祈祷手杖式

从手杖式动作开始。将肩部向后展开，把手放到背后。将手掌放在肩胛骨之间做反转祈祷。同时双肩下沉，肘部向后伸。

383 心朝天手杖一式

从手杖式（#381）动作开始。双手掌平放在身后的垫子上，指尖向前。同时肩部向后展开，打开胸部。目光向上凝视1分钟。

384 心朝天手杖二式

从手杖式（#381）动作开始。双手撑地，手掌平放在身后的垫子上，指尖指向后方。双肩向后展开，向后仰头，然后打开胸部。目光向上凝视。

385 转体手杖式

从手杖式（#381）动作开始，双手举过头顶。将躯干向左扭转。右手放在左膝上，左手放在身后。将目光移到肩部。

386 臂伸展转体手杖式

在手杖式动作的基础上增加一个扭转动作，可以打开肩部和胸部。它还可以在拉伸腹部斜肌的同时，增加臀部和骨盆的灵活性。

- 从手杖式（# 381）动作开始，将手臂举过头顶。
- 向左扭转，将右手伸向左足踝外侧。
- 将左臂向后伸，注视左肩。

387 手触踝转体手杖式

从手杖式（#381）动作开始。躯干向右扭转，将右手放在身后。右膝部屈曲，左手握住右足踝，伸直抬高的右腿。

388

简易坐式

注释
粗体字表示收缩的肌肉
黑体字表示伸展的肌肉
* 表示深层肌肉

简易坐式，也称为心手相连式或愉悦体式，是用于冥想的常见体式。如果臀部紧张，这个平静的姿势可以很好地替代莲花坐姿。简易坐式有助于打开臀部和大腿外侧。在简易坐式中，双腿可松弛地交叉，所以当向下看时，大腿应与小腿形成一个三角形。

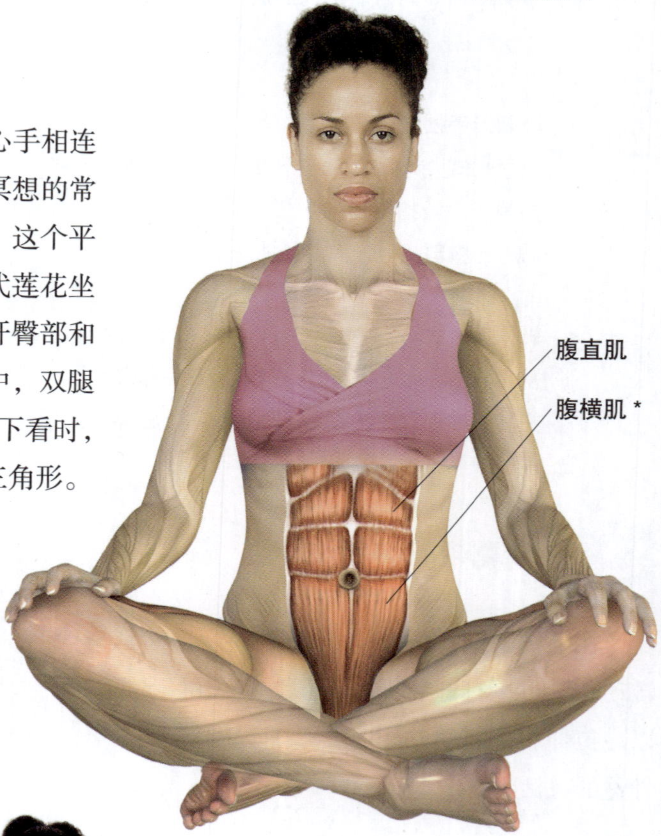

正确姿势
臀部应该在膝部以上。如果臀部非常紧，可以在臀部下方放一个折叠好的毯子来垫高臀部的位置。

注意
不要总是将同一条腿穿过另一条腿，可以双腿交替。同时，不要使小腿太靠近身体。

- 坐在垫子上，双腿向前分开，与臀部同宽；将小腿随意地交叉，并将足放在膝盖下方。
- 骨盆处于正中位，将耻骨和尾骨向下压。
- 双手放在双膝上，将肩胛骨向下拉。保持该动作 1 分钟。

389 膝胸式简易坐式

从简易坐式（#388）动作开始，然后将膝盖靠近胸前。将肘部放在膝上，面部贴于掌中。

390 砖上简易坐式

臀部坐在一块瑜伽砖上，从简易坐式（#388）动作开始，双手放在膝上，手心向上。拇指和食指指尖相接触，形成智慧手印或意识手印式。

391 转体简易坐式

从简易坐式（#388）动作开始。右手放在身后，左手放在右膝上。身体向右扭转，打开胸部，头部与脊柱、尾骨对齐。

392 侧弯简易坐式

从简易坐式（#388）动作开始，左手手指呈智慧手印式，左臂上举。躯干向右弯曲，将右前臂放在身体同侧的垫子上。打开胸部，目光向上凝视。

393 胎儿式简易坐式

从简易坐式（#388）动作开始，两手分别握住对侧的足踝。使坐骨保持平衡，保持该动作几次呼吸的时间。

394 至善式

从简易坐式（#388）动作开始。把一只足放在另一条大腿和小腿之间。双手放在膝盖上，手指呈智慧手印式。将手掌朝下以获得触地感，或掌心向上与神相通。

395

英雄式

平静的英雄式或称 Virasana，是冥想的绝佳姿势。这个姿势看起来很简单，但需要膝部具有一定的灵活性。要安全地完成这个姿势，一定要借助瑜伽道具。如果膝部感觉不舒服，可以在双足之间放一块瑜伽砖来支撑。在小腿下面放一两条折叠的毯子，以缓解足踝的不适。

注释
粗体字表示收缩的肌肉
黑体字表示伸展的肌肉
* 表示深层肌肉

正确姿势
坐直，背部保持中立的位置。双肩下沉，同时将尾骨拉长到垫子上。大腿稍微向内旋转并接触。足背应平放在地板上。

注意
不要耸肩或挺胸。避免膝部或足踝拉伤。

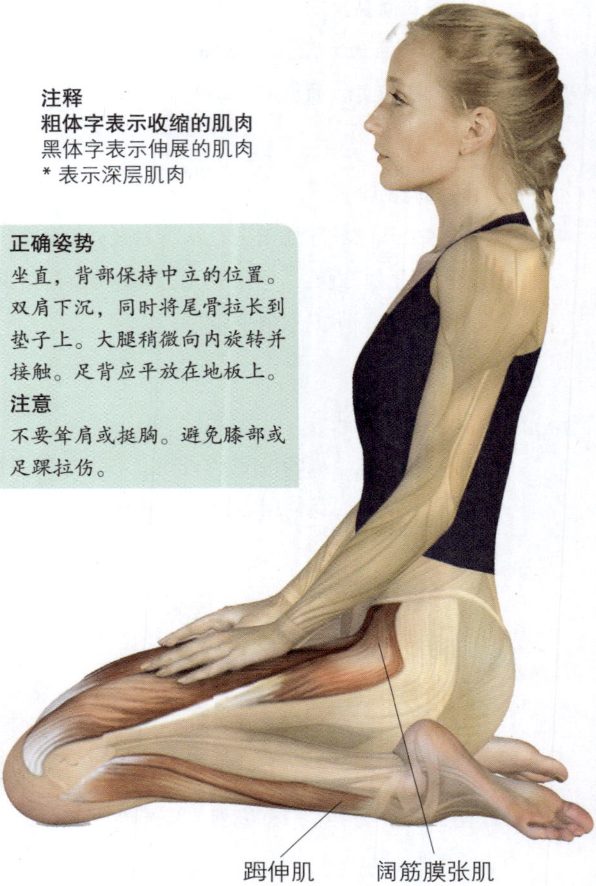

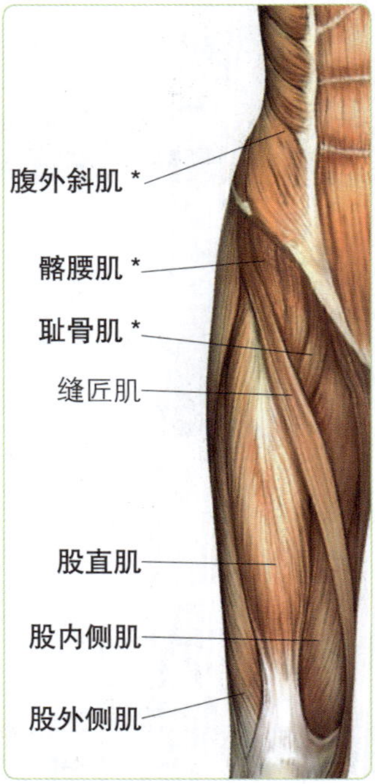

- 跪在垫子上，双膝靠拢，双足分开略宽于臀部。
- 足背部平放在地面上，趾尖指向身后。
- 放低臀部到垫子上，以便足跟触及臀部的外侧。
- 保持该动作几次深呼吸的时间。

396 趾尖英雄式

膝部和双足并拢跪在垫子上。臀部放低，坐在足跟上。伸长脊柱，保持背部呈中立位。双手手掌合在一起，以祈祷手印式放在心脏的位置。目光向前凝视，保持该动作 1 分钟。

397 臂伸展趾尖英雄式

该动作可以伸展手臂和胸部，增强核心力量。当向上伸展双臂时，通过指尖可以感受能量的释放。

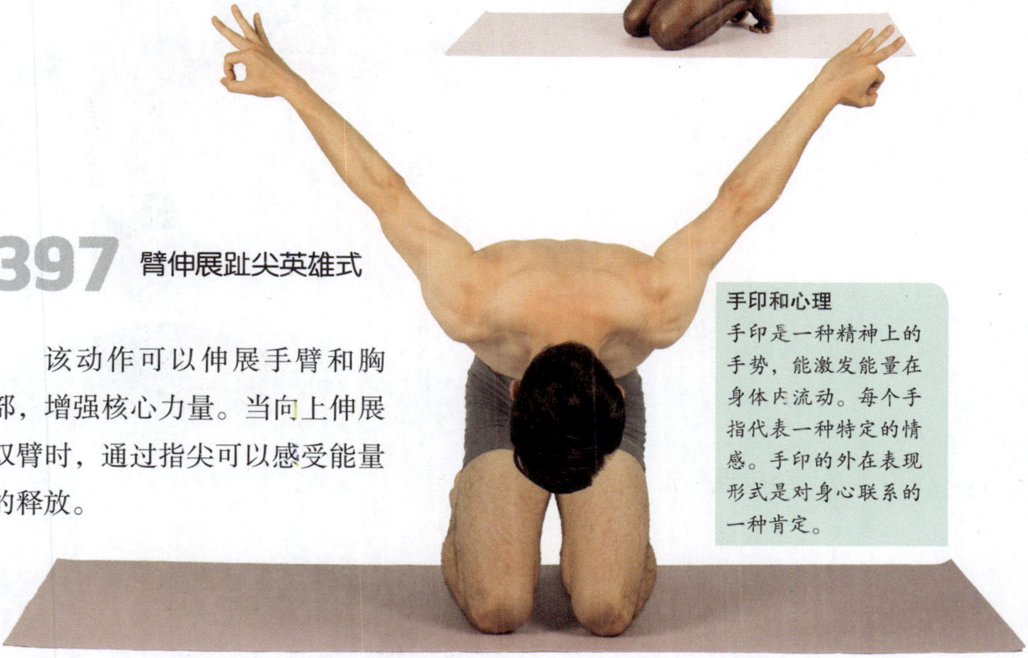

手印和心理

手印是一种精神上的手势，能激发能量在身体内流动。每个手指代表一种特定的情感。手印的外在表现形式是对身心联系的一种肯定。

- 双膝和双足着地，膝部和双足分开与臀部同宽。
- 臀部放低，坐在足跟上，目光向下凝视。
- 肩部下沉并使两肩胛骨向脊柱靠拢，手臂向身后两侧伸展。
- 拇指和食指指尖相触，呈智慧手印式，保持该动作 1 分钟。

398 前屈猫式英雄式

双腿并拢，跪在垫子或折叠的毯子上。腰部向前弯曲，头部和背部卷曲。双手放在膝上，保持该动作 1 分钟。

399 后屈犬式英雄式

双腿并拢，跪在垫子或折叠的毯子上。双手放在膝上。仰背，目光向上方凝视。伸展脊柱，保持该动作 1 分钟。

400 束手上举英雄式

跪在垫子或折叠的毯子上，双腿并拢。双十指交叉放在胸前，手掌朝外。吸气，双臂伸向正上方。

401 英雄天平式

英雄天平式是伸展足踝和足尖的高级姿势。其简化版本是将足尖和足踝放在垫子上，然后将手放在身后的地板上。

- 跪在垫子上，双足分开与臀部同宽。臀部放低至足跟，尾骨弯曲。
- 双手放在身后，膝部离开垫子。
- 腹肌收缩，双臂环绕膝部。
- 保持该动作几次呼吸的时间，然后慢慢放松。

402 开胸英雄式

从英雄式（#395）动作开始，双臂在身后交叉。脸朝向上方，同时下沉肩部，伸展胸部、颈部和肩部。双手分别握住另一侧的足底。

开胸式

开胸式可以舒展胸腔，帮助激活身体，灵魂得到慰藉。做该动作时，想象一下，敞开你的心扉。

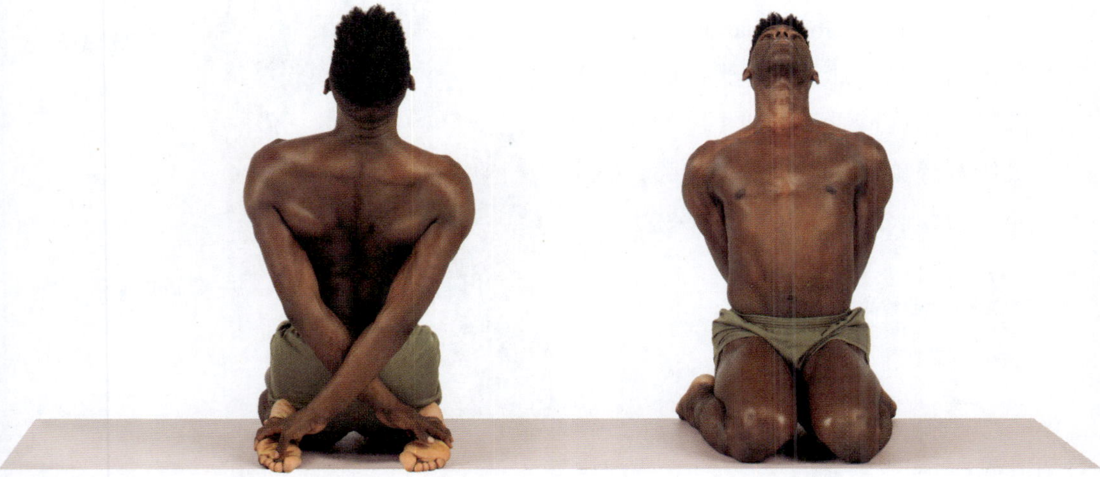

403 转体英雄式

以英雄式（#395）为准备动作，躯体向右扭转。将右手放在身后的垫子上，左手放在右侧大腿边。目光凝视身体右侧，并伸展脊柱。保持该动作 1 分钟。

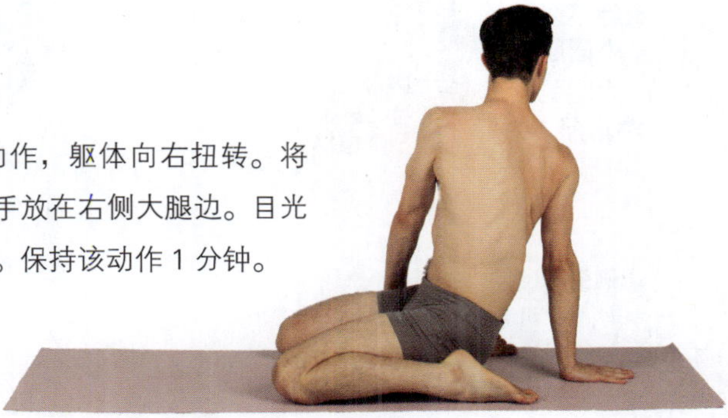

404 双膝分开英雄式

足趾并拢，双膝分开，跪在垫子上。臀部放低至足后跟。拉伸脊柱，同时感受大腿内侧的伸展。

405

牛面式

牛面式或Gomukhasana，可深度伸展肩部和背部，打开臀部的屈肌和膝部。你难道看不出和牛脸的相似之处吗？想象一下，腿是牛的嘴，躯干是牛的鼻子，手臂是牛的耳朵。

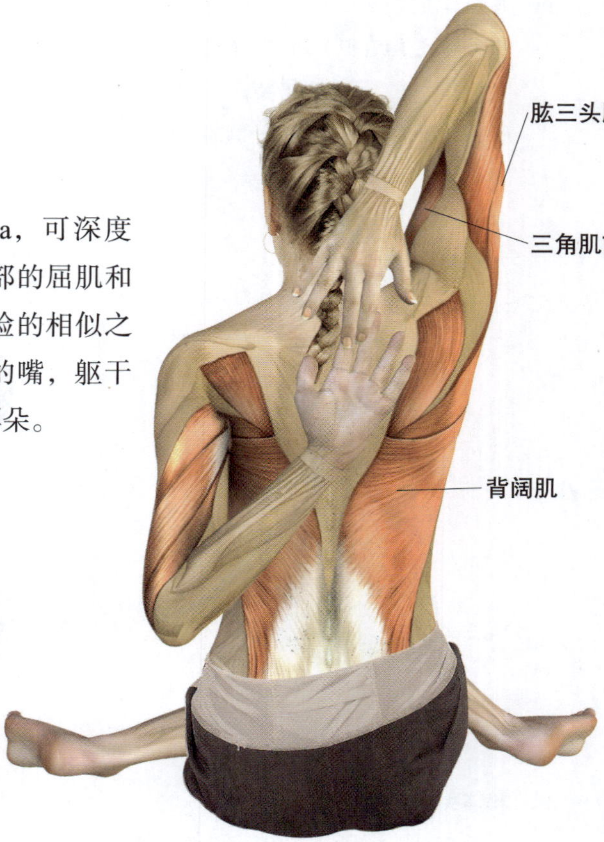

注释
粗体字表示收缩的肌肉
黑体字表示伸展的肌肉
* 表示深层肌肉

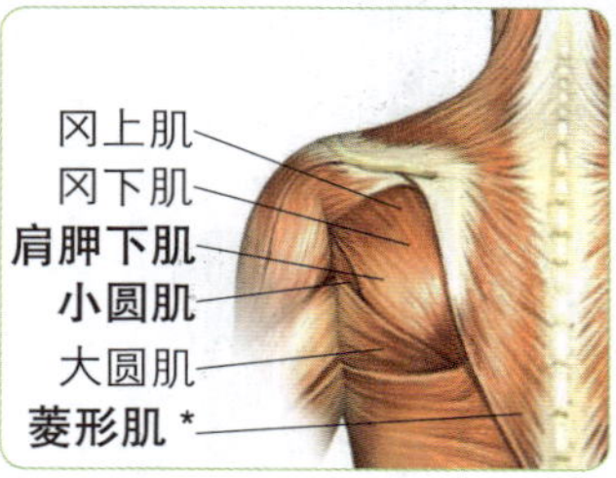

正确姿势
将体重平均分配到坐骨上。为保持适当的平衡，一定要把肘部放在膝部同一侧。

注意
不要向前屈曲肩部或缩胸；相反要打开胸部和锁骨。

- 从手杖式（#381）动作开始，双腿向前。膝部屈曲，并将左腿交叉在右腿上方，使双膝部呈上下位。
- 双足侧放在垫子上。
- 下沉肩胛骨，当吸气时拉伸脊柱，同时将右手伸到颈后面。
- 呼气，将左手伸到背后，试着双手合十。
- 保持该动作30秒，然后双手交替。

406 Ganesha 手印牛面式

从手杖式（#381）动作开始，膝部屈曲，将左腿交叉至右腿上方。将肘部向两侧抬起，左手放在心前。以 Ganesha 手印式将双手手指扣在一起，来提振精神。

407 手触足牛面式

从手杖式（#381）动作开始。膝部屈曲，并将右腿交叉放在左腿上方，将双足放在臀部两侧。扩胸，双臂交叉在身后，双手分别触摸对侧的足背。

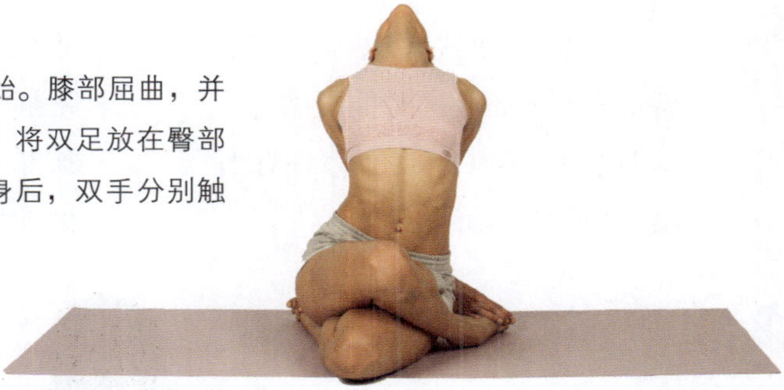

408 臂过头牛面式

如果牛面式的手臂动作太难，试试这个简单的调整，将双臂交叉在头顶。另一个简单的变化是在背后抓住一条毛巾或带子。

- 从手杖式（#381）动作开始。膝部屈曲，并将右腿交叉在左腿上方，双膝重叠在一起。
- 将双足放在垫子上。双肩下沉，拉长脊柱。
- 双臂在头顶交叉，目光向下注视膝部。保持该动作 1 分钟。

409 祈祷手牛面式

从手杖式（#381）动作开始，双腿向前。屈曲膝部，并将右腿交叉放在左腿上方，双膝堆叠。双手合十，呈祈祷式贴近心脏，并低头。

410 前屈牛面式

前屈牛面式可以深度伸展臀部和下腰部，同时伸展手臂。这种姿势可以释放出储存在骨盆区域的负能量。

- 从手杖式（#381）动作开始。膝部屈曲，并将右腿交叉在左腿上方，双膝堆叠。
- 臀部前倾，躯干紧贴大腿。
- 双臂向两侧伸展，指尖触地，目光注视前方。

411 侧弯牛面式

从手杖式（#381）动作开始，双腿向前。将右膝叠放在左膝上方。躯干向右侧弯曲，右手触摸左足。左手越过头顶，向正上方伸展。保持该动作1分钟，两侧交替。

412 侧屈转体牛面式

侧屈转体牛面式可以伸展脊柱、臀部和肩部。这种体式也可以刺激内脏器官。向上凝视，并打开胸部和心脏，可感受到能量从指尖释放。

扭转姿势

扭转姿势可以按摩腹部肌肉和腹腔脏器，改善消化和循环系统，排出体内的毒素。

- 以手杖式（#381）动作开始。将左膝叠放在右膝上方。
- 拉伸脊柱，下沉双肩，将右臂伸过左大腿上方，指尖触地。
- 将左臂举过头顶，目光凝视正上方。
- 双手拇指和食指指尖相触，形成智慧手印式。

413 转体牛面式

从手杖式（#381）动作开始。将左膝叠放在右膝上方。拉伸脊柱并向左侧扭转。右臂放在身体前面，手放在腰部。将左手伸到身后去触摸左足。

414 平衡牛面式

从手杖式（#381）动作开始。将右膝叠放在左膝上方。双手分别握住足踝，将重心转移到坐骨后部。从垫子上抬起双腿，将肘部伸向两侧。

415

全莲花式

全莲花式或 Padmasana，是冥想和瑜伽的绝佳体式。莲花式给人以稳定感和接地感，但它要求练习者的臀部、膝部和足踝具有相当大的灵活性。在准备全莲花式前，先要练习半莲花式。在尝试全莲花式之前，应该能够舒适地保持半莲花式的呼吸。

注意
不要拉伤膝部或过度伸展足踝。

正确姿势
保持背部挺直，臀部均匀地压在瑜伽垫上。为了更加舒适，可在臀部下垫一条折叠的毯子，把臀部抬高到膝部水平以上。双腿交替，并保持每个姿势的时间相同。

注释
粗体字表示收缩的肌肉
黑体字表示伸展的肌肉
* 表示深层肌肉

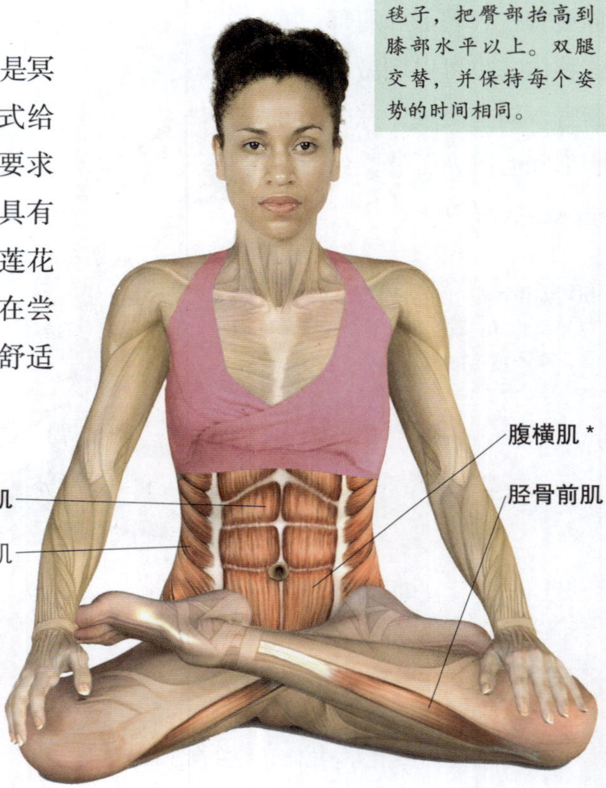

- 从简易坐式（#388）动作开始，双腿放松交叉。
- 抬起右小腿，将右足放在左大腿上方。以半莲花式维持一次呼吸。
- 抬起左小腿，将左足放在右大腿上方。
- 足跟贴近躯干，调整双足位置，使足底朝上。

416 半莲花式

从简易坐式（#388）动作开始，双腿轻松交叉。抬起左小腿，将左脚放在右大腿上方。使足跟靠近躯干，足底朝上。拇指和食指指尖接触，形成智慧手印式。

417 反向祈祷莲花式

从全莲花式（#415）动作开始。双手放在背后，双手合十，呈祈祷式。双肩下沉，并使双侧肩胛骨向脊柱靠拢。

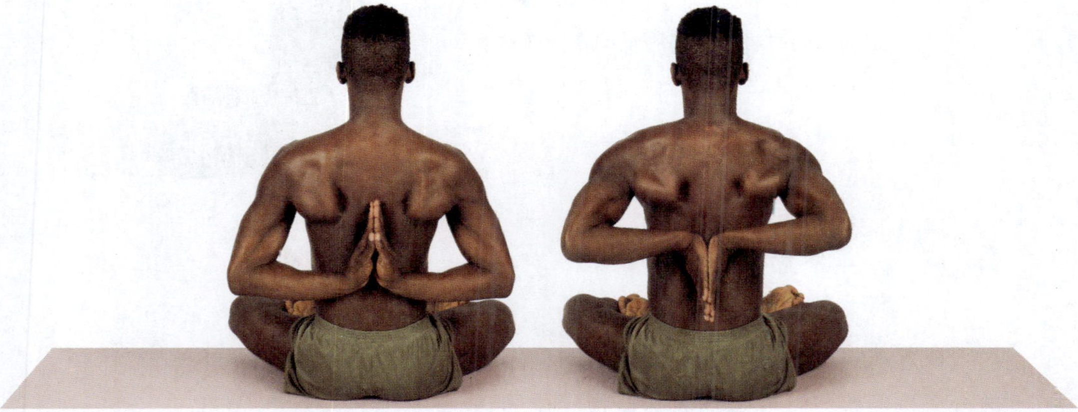

418 束手莲花式

从全莲花式（#415）动作开始。肩部下沉，并将双侧肩胛骨向脊柱靠拢，同时将双臂交叉至背后。双手分别放在对侧大腿上。

为什么是莲花?

莲花是一种隐喻，象征着根植于土壤，以获得启迪。莲花在泥中有深根，长在水中的长茎，还没有到阳光下就开花了。

419 背束手莲花式

从简易坐式（#388）动作开始，双腿放松交叉。抬起右小腿，将右足放在左大腿上方。抬起左小腿，将左足放在右大腿上方。足跟收紧，且足底朝上。双手手臂向后伸展，双手十指在身后交叉合拢。仰头，目光凝视正上方。

第七脉轮：智慧
一朵“千瓣”的莲花象征着位于头顶的第七脉轮，即Sahasrara。它代表了一种更高的意识以及与世界的精神联系。

420 掌触地莲花式

从全莲花式（#415）动作开始。将手掌平放在背后的垫子上，手指尖朝向臀部。扩胸，同时将两侧肩胛骨向脊柱靠拢。目光转向正上方。

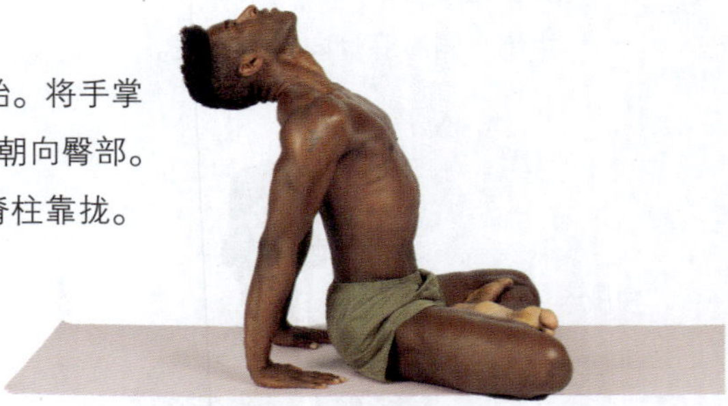

421 上束手莲花式

在莲花式中加入一个肩部伸展的动作来进行全身锻炼。将双臂伸向天花板，拉伸脊柱，打开胸部。

- 从全莲花式（#415）动作开始。
- 双手十指交叉，掌心向上。
- 双臂上举。
- 目光向上凝视，保持该动作 1 分钟。

422 前屈莲花式

从全莲花式（#415）动作开始。身体前屈，双臂向前伸到前方的地板上。吸气，双手十指交叉，掌心向前。

423 转体莲花式

从全莲花式(#415)动作开始。吸气，双手合十，呈祷告手势。呼气，躯干向右侧扭转，左肘放在右膝上方。

424 穿针莲花式

该动作能够深度拉伸脊柱，缓解背部疼痛。如果对该进阶姿势感到舒适，可以用抬起的手臂进行画圈动作，以提高肩部的灵活性。

- 从全莲花式（#415）动作开始，双手放在身体前面的地板上。
- 将左臂置于右臂和躯干之间。
- 将左手臂平放在地板上，与躯干垂直。
- 头转向右侧，将右臂举过头顶。保持几个呼吸的时间。

425 束手前屈莲花式

从全莲花式（#415）动作开始。双手放在背后并十指交叉合拢，臀部向前倾。紧握的双手伸向正上方。

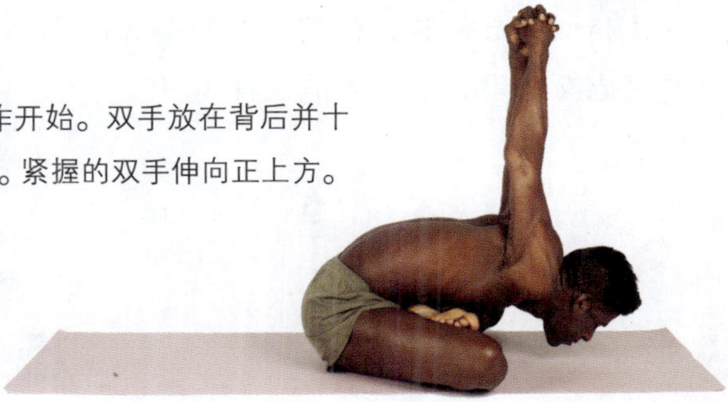

426

船 式

该动作需要力量，以保持在坐骨和尾骨形成的三足架上的身体平衡。该动作针对腹部、腰部和臀部深层的屈肌。如果在伸直膝部上有困难，可以尝试用一条带子缠绕足底来辅助完成该动作。

正确姿势

肩胛骨下压。在坐骨和尾骨之间找到平衡点。双大腿内侧靠近，并稍微向内旋转。

注意

不要弓背或挺胸。避免拉紧颈部和下颌；为减轻紧张，下颌可以稍微向胸部倾斜。

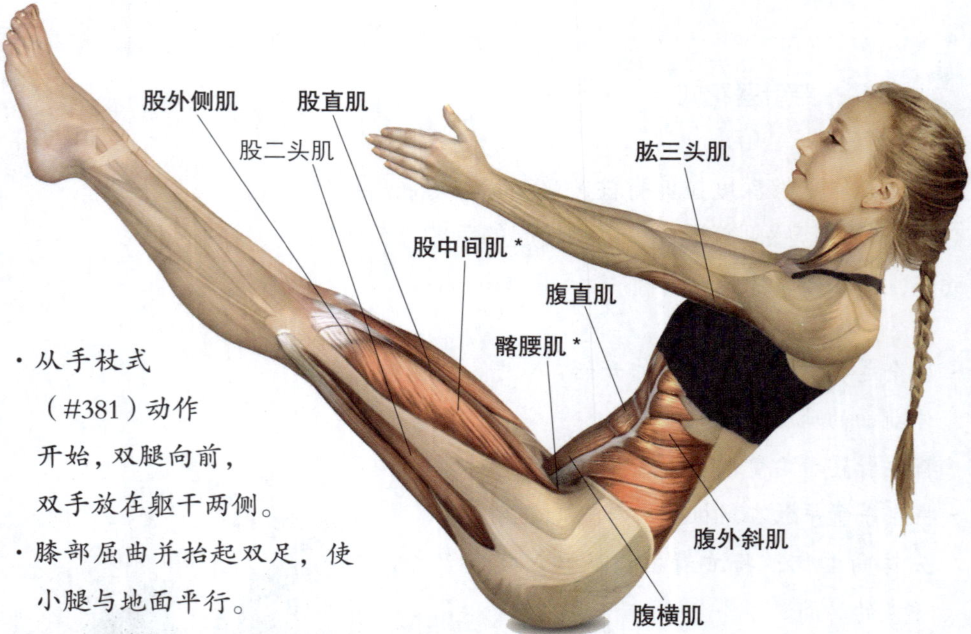

- 从手杖式（#381）动作开始，双腿向前，双手放在躯干两侧。
- 膝部屈曲并抬起双足，使小腿与地面平行。
- 收紧腹肌，双臂向前伸展并与地面平行。
- 身体稍微向后倾斜，伸展腿部和手臂使其与地面呈 45° 。尽可能保持 30 秒。

注释
粗体字表示收缩的肌肉
黑体字表示伸展的肌肉
* 表示深层肌肉

427 简易船一式

从手杖式（#381）坐姿开始，双腿向前，双手放在身体两侧。膝部屈曲并抬起双足，使小腿与地面平行。用双臂抱握住大腿后面，身体稍稍向后倾斜。

428 简易船二式

从手杖式（#381）坐姿开始，双腿向前，双手放在身体两侧。膝部屈曲，抬起双足，使小腿与地面平行。收紧腹肌，把手伸向足的外侧。身体微微向后倾斜，保持该动作 30 秒或更长时间。

429 支撑船一式

该动作是船式的简单改进，适合那些有柔韧性、能伸直腿，但缺乏力量来维持完整船式的练习者。

- 从手杖式（#381）坐姿开始，双腿向前。
- 将手放在身后，指尖向前。
- 膝部屈曲，抬起双足，使小腿与地面平行。
- 身体稍稍向后倾斜，肘部屈曲，双腿伸直并与地面呈 45°。

430 支撑船二式

从手杖式（#381）坐姿开始，双腿向前，双手放在身体两侧。膝部屈曲，抬起双足，使小腿与地面平行。用双手抱住大腿后面。身体向后倾斜，保持该动作 30 秒或更长时间。

431 半船式

躺在地板上，膝部屈曲，双手合拢放在头后。双足离地并与地面呈 45°，上背部弯曲。保持该动作30秒。

第三脉轮：战士能
脐轮（Manipura），即火脉轮，位于肚脐区域，是自信和战士能量的所在地。

432 祈祷式转体船式

带有双手合掌（Anjali Mudra）手势的船式增添了一种平和与团结的感觉：将手掌合在一起，使左右大脑成为一体，将拇指按压在胸部，以打开心胸。

- 从手杖式开始（#381），双腿向前，双手放在身体两侧。
- 膝部屈曲并抬起双腿，使小腿与地面平行。
- 身体稍微靠后，将手掌合在一起放在胸前。
- 躯干向左扭转，目光向上凝视。

433 支撑转体船式

从手杖式（#381）动作开始。膝部屈曲，右脚交叉放在左足上方。右手放在右足踝上，双腿抬起，伸直，并与地面呈 45°。身体向后倾斜，同时躯干向左侧扭转，左手放在身后。

434 转体船式

从手杖式（#381）坐姿开始。膝部屈曲，左足交叉放在右足上方。双腿抬起，伸直，并与地面呈 45° 。将双手放在身体两侧的地面上。

435 双罗盘式

进一步的双罗盘式是一种要求很高的姿势，需要高度的平衡性、灵活性和协调性。该动作可以拉伸肌腱和脊柱，刺激内脏器官。

· 坐在垫子上，膝部屈曲，双足离开地面，且小腿与地面平行。
· 双臂向前伸展，左手与右手交叉。
· 双手分别握住对侧足的足踝。
· 伸直右臂和左腿。
· 左肘向后拉，伸直右腿，右膝部靠近右肩部。

436 踻趾式

坐位，并使膝部屈曲。身体稍稍靠后，并抬起双腿，使小腿与地面平行。双手抓住踻趾。找到平衡点后，伸直双腿。

437

圣哲玛里琪一式

正确姿势

为帮助完成扭转动作，请将绷直的腿和背屈的足跟压在地面上。脊柱伸直，并坐在坐骨上保持平衡。

在印度教神话中，圣哲玛里琪式（Sage Marichi）是太阳神的祖父；在梵语中，Marichi 的意思是“光线”。强大的圣哲玛里琪式是一种充满活力的扭转动作，可拉伸脊柱，平和心灵及情绪。

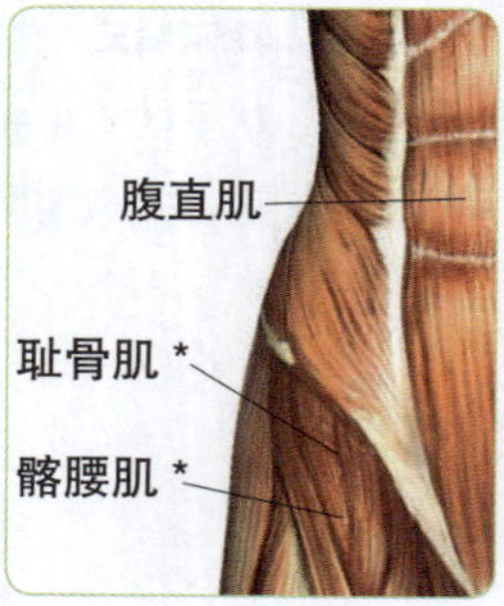

注释

粗体字表示收缩的肌肉

黑体字表示伸展的肌肉

* 表示深层肌肉

注意

不要让伸直的足向外扭曲；保持足向上屈曲。

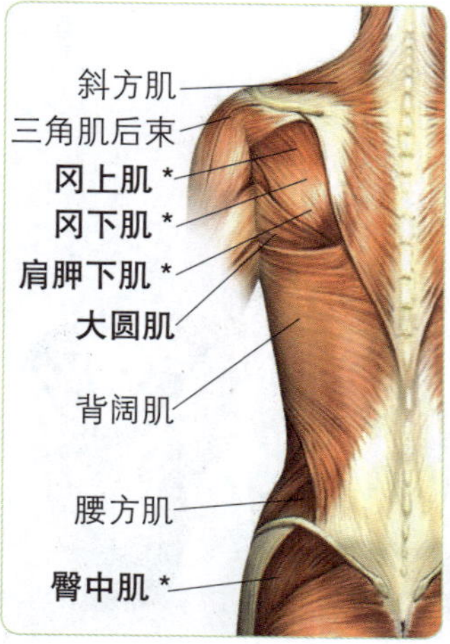

- 坐在垫子上，双腿向前。左侧膝部屈曲，并让足跟靠近躯干。
- 右腿压向垫子，并稍稍向内侧旋转。
- 左手放在身后，指尖指向远处。
- 躯干向左侧扭转，将右肘放在左膝外侧。
- 目光转向左侧。换至对侧重复该动作。

438 圣哲玛里琪式准备动作 1

坐在垫子上，双腿向前。右侧膝部屈曲，将足跟靠近躯干。身体前倾，双手握住伸展的足。

439 圣哲玛里琪式准备动作 2

坐姿，双腿伸向前，双足背屈。左侧膝部屈曲，使足跟靠近身体。双手手臂向前伸，并与地面平行。

440 圣哲玛里琪二式

从圣哲玛里琪一式（#437）动作开始。身体向右扭转，左肘环绕右大腿。把手放在背后，双手合十。

441 手触踝支撑圣哲玛里琪式

坐在垫子上，膝部屈曲。身体向后靠在右前臂上，用左手抓住右足踝的外侧，右腿伸直。

442 半鱼王玛里琪式扭转

坐在垫子上，双腿向前。左膝部屈曲，左足交叉放在右大腿外侧。将右手放在身体同侧，左手伸直，握住右侧足踝。

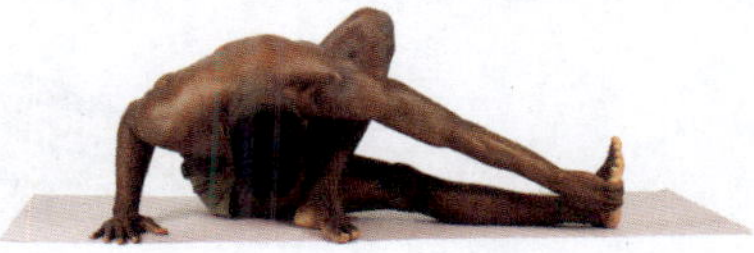

443 半鱼王支撑玛里琪式扭转

坐在垫子上，双腿向前。左膝部屈曲，左足交叉放在右大腿上方。将右前臂放在身体同侧的地板上，用左手触摸右足踝。

444 脊柱扭转式

坐在垫子上，双腿向前。右膝部屈曲，右足交叉放在左大腿上方。将左手放在身体同侧的地板上，然后用右手触碰左膝。

445 束手半脊柱扭转式

坐在垫子上，双腿向前。右膝部屈曲，右足放在左膝旁的地面上。身体向右扭转，左手在右膝下方穿过。双手以祈祷式合在一起。

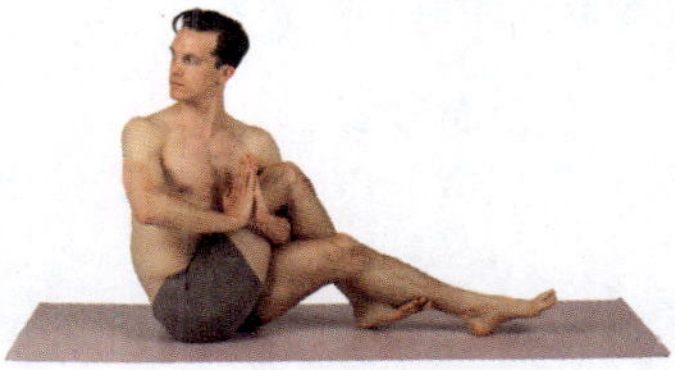

446

猴 式

猴式或 Hanumanasana，是一种高难度的瑜伽动作，要求臀部屈肌和股后肌群具有一定的柔韧性。这个名字来自神话中的猴神——哈努曼（Hanuman），他勇敢地穿越印度来帮助他的国王。这个传说的寓意是力量来源于奉献。

正确姿势

将右足跟和左足背压在地板上。如需帮助，可以在伸直的大腿下面放瑜伽砖。

注意

不要过度拉伸，在一个感觉舒服的位置上停下来，体会拉伸的感觉。避免臀部或腿部向一侧转动。

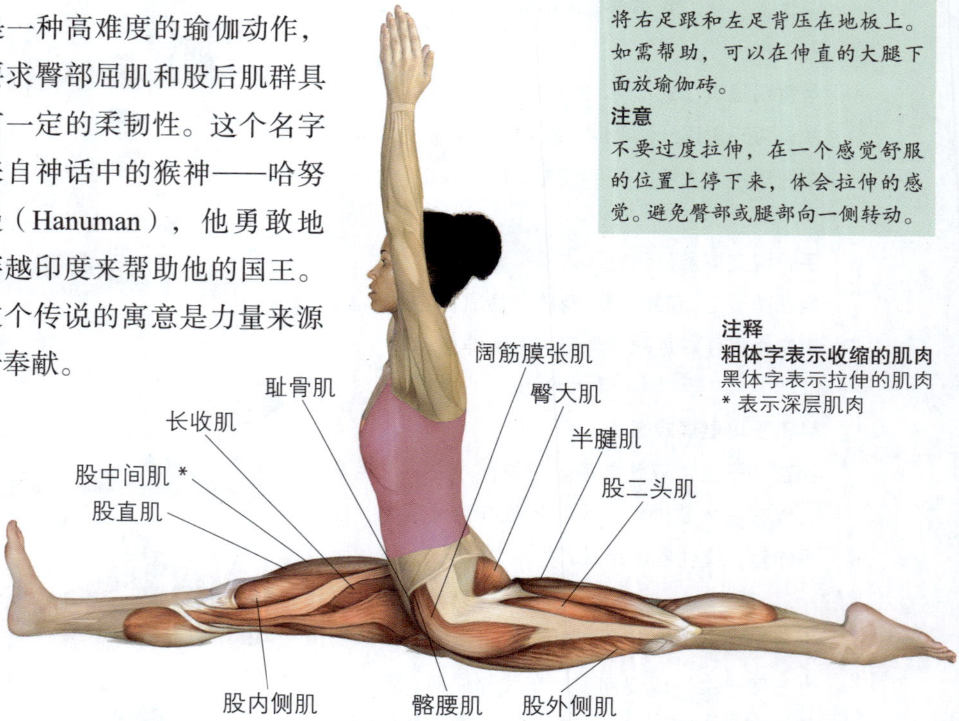

注释
粗体字表示收缩的肌肉
黑体字表示拉伸的肌肉
* 表示深层肌肉

- 跪在地面上，右足向前迈低弓步。
- 身体稍稍前倾，并将指尖放在身体两侧的地面上以保持平衡。维持这个姿势几次呼吸的时间。
- 慢慢将右足跟向前滑动，腿伸直。当感到舒服的时候才下降。双侧手臂举过头顶，双手手掌合十。
- 放松，双手放在地面上，右腿向外弯曲，足跟朝躯干方向滑动。

447 鸽王式准备动作

跪在地面上。当右腿向身后滑动时，把臀部放低。双手放在臀部，向后转动肩部，向天空敞开心扉。

448 双手祈祷猴式

双手掌呈祈祷手势，以猴式（#446）动作开始。用拇指触摸心脏，维持该动作几次呼吸的时间。

449 后屈猴式

从猴式（#446）动作开始。手掌合在一起，手臂在身后举过头顶。向天空敞开心扉。

450 前屈猴式

从猴式（#446）动作开始。双手在身后合拢，身体前倾，下颌贴着胫骨。手臂伸向正上方。

451 转体猴式

从猴式（#446）动作开始，将躯干向右扭转。双手分别放在对侧大腿上，维持该动作几次呼吸的时间。

452 侧屈转体猴式

从猴式（#446）动作开始。将躯干向左扭转，右肩倚在右膝上。将右臂向身体一侧伸展。伸出左手触摸右足趾。

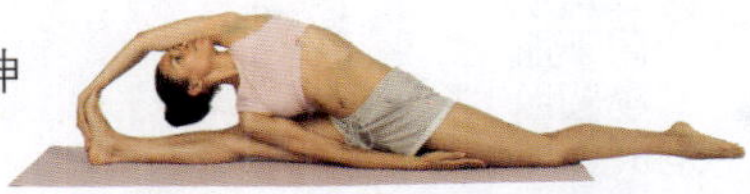

453 转体鸽王式准备动作

从猴式（#446）动作开始。将身体向右扭转，用右手抓住右足，抬高并向躯干弯曲。换至对侧重复该动作。

454 单膝屈曲鸽王式

以猴式（#446）动作开始，左膝屈曲。左手举过头顶，在背后抓住抬高的右足趾。右臂伸向上方，手掌呈智慧手印式。

455

头触膝转体式

注意

不要从扭转的位置上直接起身来中止该姿势。应首先转回躯干，然后恢复直立。

正确姿势

为将自己固定在地面上，可将屈曲的大腿压向地面。将手肘彼此推开，以帮助身体的扭转。

头触膝转体式是一个扭转结合前屈的姿势。头触膝前屈扭转动作（Parivrtta Janu Sirsasana）伸展身体的一侧以及膈肌、肋间肌。如果一开始拉伸太困难，可以从伸出的胫骨开始，而不是足。

注释
粗体字表示收缩的肌肉
黑体字表示伸展的肌肉
* 表示深层肌肉

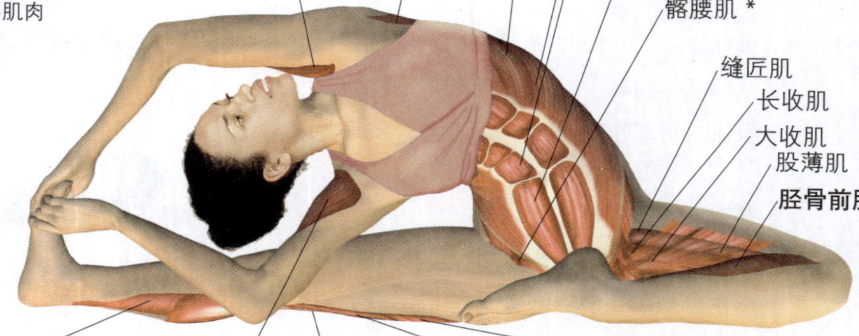

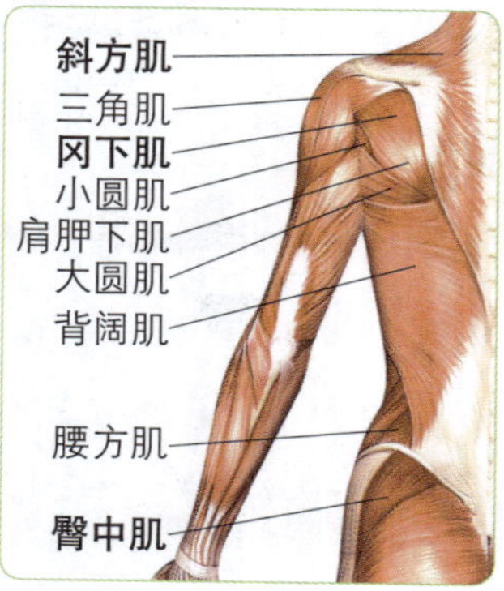

- 坐姿，小腿向前，屈膝关节使小腿在地板上，旋转以打开髋部。
- 收紧左足跟。身体前倾，并向左扭转。
- 将右手伸向右足踇趾。将左手越过头顶，触及右足。
- 扭转身体打开胸部，向上凝视。

456 坐位半合半英雄式

双足向前坐位。左膝屈曲，将左足靠近臀部。躯干向左扭转，右手放在左膝上。将左手伸到背后，触碰右臀。进一步扭转躯干，目光凝视肩部。

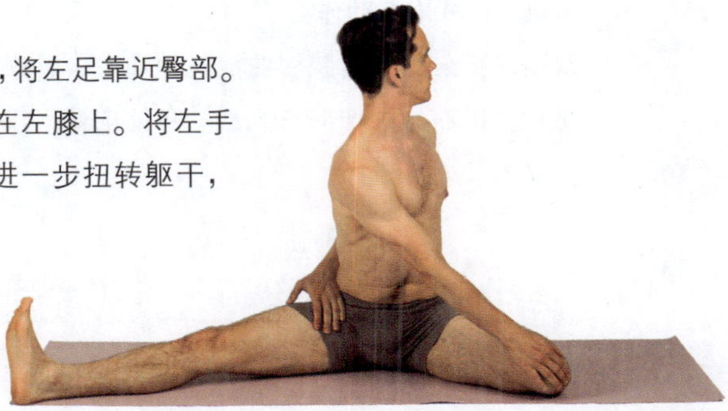

457 坐位门式

该动作又称门闩式（Parighasana），可打开胸部和肩部。该动作还可以拉伸脊柱和髋部屈肌，缓解颈部和肩部的紧张。

- 将右手放在右足踝附近的地面上，从头触膝转体式（#455）动作开始。
- 右足弯曲。
- 躯干向左扭转，将左臂举过头顶。
- 拇指和食指呈智慧手印式。

458 头触膝门式准备动作 1

双腿向前坐姿。右膝屈曲放在地面上，扭转臀部。将右足跟伸向左大腿，然后左腿弯曲。身体前倾，双手放在左足踝处。目光向前凝视，并保持该动作 1 分钟。

459 头触膝门式准备动作 2

双腿向前坐姿。右膝屈曲放在地面上，臀部扭转。把右足跟伸向左大腿。身体前倾，双手放在左足踝处。

460 头触膝式

该动作又称为 Janu Sirsasana，是一种充满活力的姿势，可增强脊柱、股后肌群和肩部的柔韧性。练习该动作可缓解紧张和焦虑。

- 双腿向前坐姿。
- 左膝屈曲放在地面上，扭转臀部。
- 将足跟伸向右大腿。
- 身体前倾，双手握住右足踝。
- 将额头压低至膝部。保持该姿势 1 分钟，然后换至对侧腿重复该动作。

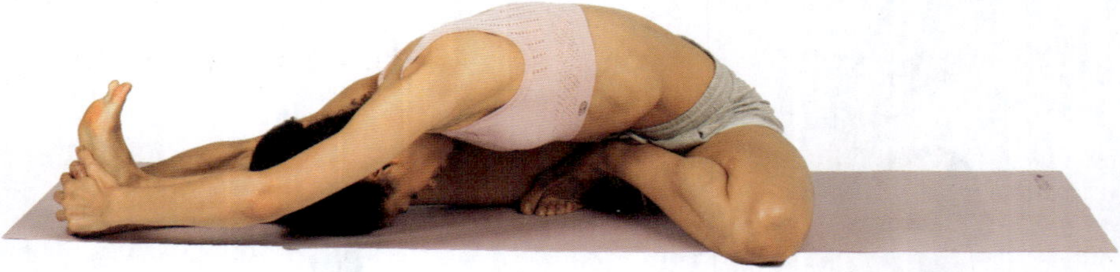

461 坐位半合扭转式

双腿向前坐姿。左膝屈曲放在地面上，扭转臀部。将左足跟伸向右大腿。身体左转，将右手放在左膝上。左手伸到背后，触摸右臂。

462 头触膝转体式准备动作

双腿向前坐姿。左膝屈曲放在地面上，臀部扭转打开。把左足跟伸向右大腿。身体右倾，右手伸向右踇趾。

463 转体式

从头触膝转体式准备动作(#462)开始。躯体右倾，右手伸向右足趾。左手举过头顶。目光向上凝视，并保持该动作 1 分钟。

侧弯

侧弯体式打开肺部和胸腔周围的肋间肌。侧弯可以帮助减轻呼吸道疾病，如感冒和哮喘。

464 坐位门式拉伸

双腿向前坐姿。左膝屈曲放在地面上，臀部扭转打开。左足跟伸向右大腿，将右前臂放在右足内侧。将左手放在身后，目光凝视上方。

465 肘弯坐位门式

该动作可锻炼腹肌，伸展肩部、臀部和股后肌群。尽量从臀部弯曲开始，而不是从腰部弯曲开始。

- 双腿向前坐姿。
- 左膝弯曲放在地面上。把左足后跟伸向右大腿。
- 该动作可锻炼腹肌，伸展肩部、臀部和股后肌群。尽量从臀部弯曲开始，而不是从腰部弯曲开始。
- 双手放在头后，躯干向右弯曲。尝试将右肘伸向右膝。
- 保持该姿势 1 分钟，然后换至对侧腿重复该动作。

第六章
仰卧式

仰卧式动作有几个目的。首先，它们提供了一个在臀部和背部支撑于地的情况下运动腿部和腹部肌肉的安全方法，有助于避免损伤。其次，该动作包括热身和舒缓两类，前者可唤醒肌肉、提高心率、释放紧张；后者可降低心率、放松肌肉、缓解高强度动作后的疲劳。与反弓动作相对的膝胸式以及挺尸式，都属于舒缓动作。

466

仰卧扭转式

这一适合初学者的动作有助于释放脊柱的张力、放松臀部、强健腹部肌肉。开始时，请确保颈部位于中间位置。肩部有病损时，不能练习该动作。

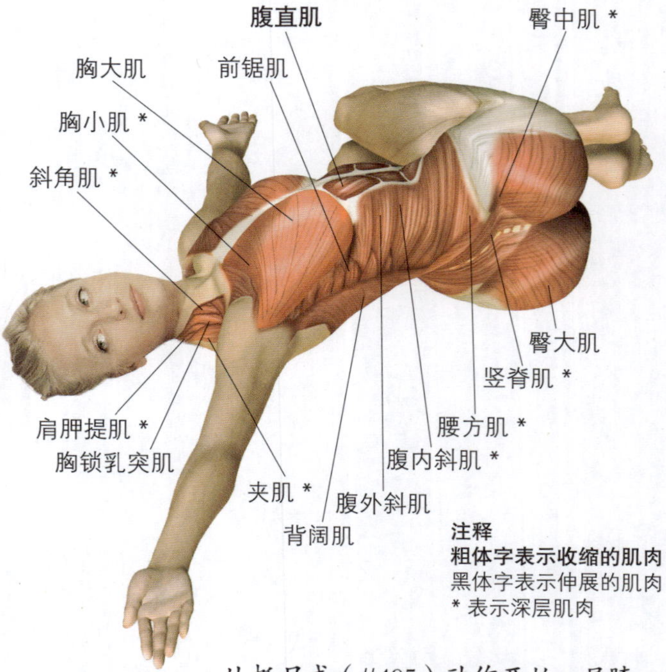

正确姿势

放松并伸展，打开胸部并拉伸脊柱，向两侧转动头部。

注意

不要耸肩，也不要上抬肩部使之离开地面。

- 从挺尸式（#495）动作开始，屈膝，向两侧伸展手臂，掌心向上。吸气，足跟尽量靠近臀部。
- 当腿部离开地面时，双膝并拢。呼气，使双膝保持左侧位，扭转臀部和脊柱。左侧大腿置于地面并放松，双眼注视右侧。
- 保持该动作 30 秒至 3 分钟，向右侧重复该动作。

467 万能转体钻石式

从左侧仰卧扭转式（#466）动作开始，将左侧大腿平放于地面，用左手握住右膝，然后在身后用右手握住左足。将右足底置于左膝之上，保持两肩部贴近地面。保持该动作 30 秒至 1 分钟，然后轮换双腿继续该动作。

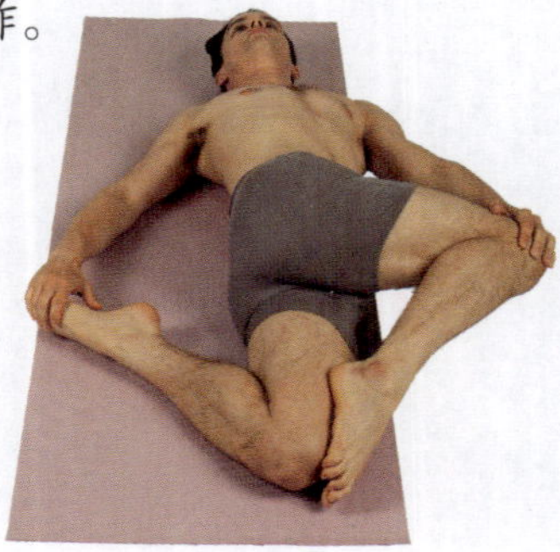

468 仰卧转体手触足式

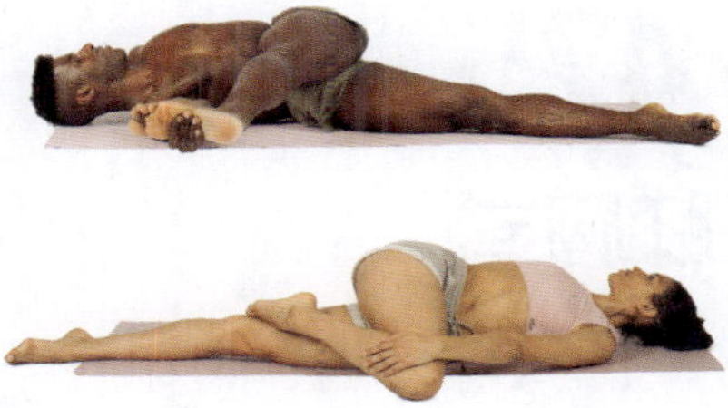

从右侧仰卧扭转式（#466）动作开始，目光注视上方，双腿伸直，然后将左腿上抬并向右手方向伸展，右手顺势抓住左足的内侧边缘。

469 仰卧鱼王一式

从左侧仰卧扭转式（#466）动作开始，将左侧大腿平放于地面，并伸直左腿，然后使右膝触碰地面，并用左手握住右膝，同时右足趾伸直。

470 仰卧鱼王二式

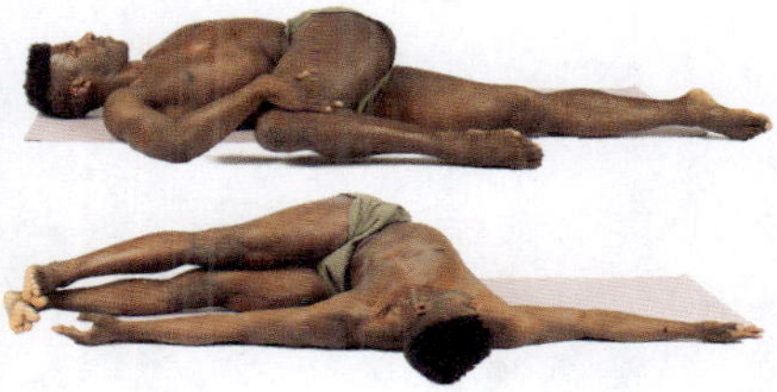

该动作是仰卧鱼王一式（#469）的小改动。用手握住大腿靠近膝部的地方，上抬腿部使左侧小腿与右侧大腿平行。

471 仰卧腰式

从右侧仰卧扭转式（#466）动作开始，将左侧大腿平放于地面，逐渐伸直并移动双腿，上抬双腿直至其靠近伸展的左手，足趾屈曲。保持该动作 15~30 秒，然后向对侧重复该动作。

472 侧方仰卧角式

从左转仰卧腰式（#471）动作开始，右手抓住右足踇趾，然后上抬左腿直至其与臀部垂直，左足趾指向上方。可将头部转向左侧，以增强拉伸的效果。

473 半牛面仰卧腿式

从右转仰卧扭转式（#466）动作开始，将左腿跨过右膝，足底平放于地面；双手呈智慧手印式，右手放于左膝上，左手置于额头。向右侧身转体，使右肩在下，右腿向前方伸展，上抬屈曲的左足，围绕颈部环抱双臂。斜倚背部，双腿重新交叉，双手分别握住双足足背。

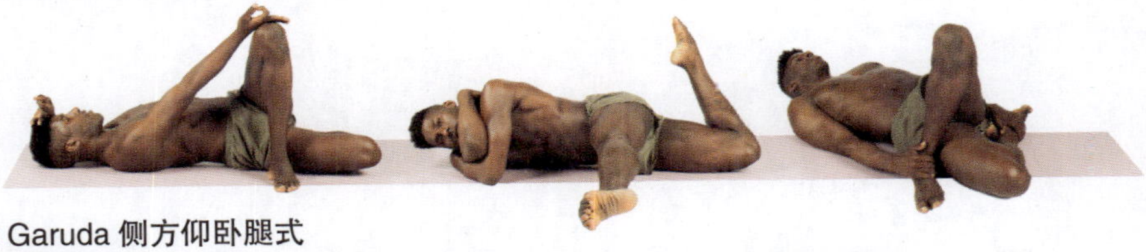

474 致 Garuda 侧方仰卧腿式

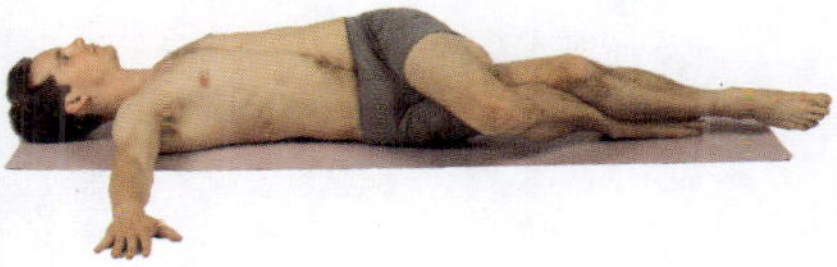

从右转仰卧扭转式（#466）动作开始，伸展右腿，右膝放松，然后使左腿跨过右腿，并将左小腿置于右膝之下。保持该动作 30 秒至 1 分钟，然后变换至对侧继续该动作。

注释
粗体字表示收缩的肌肉
黑体字表示伸展的肌肉
* 表示深层肌肉

475

膝胸式

也称 Apanasana，这一初始动作有助于拉伸下背部和臀部，还可促进消化。该动作不适用于怀孕妇女和膝关节近期做过手术的人士。

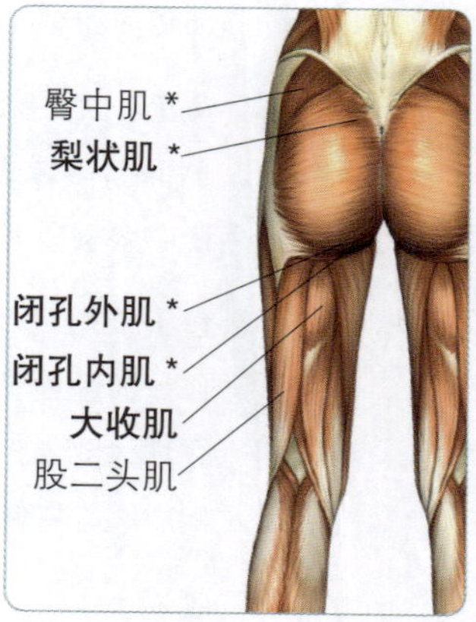

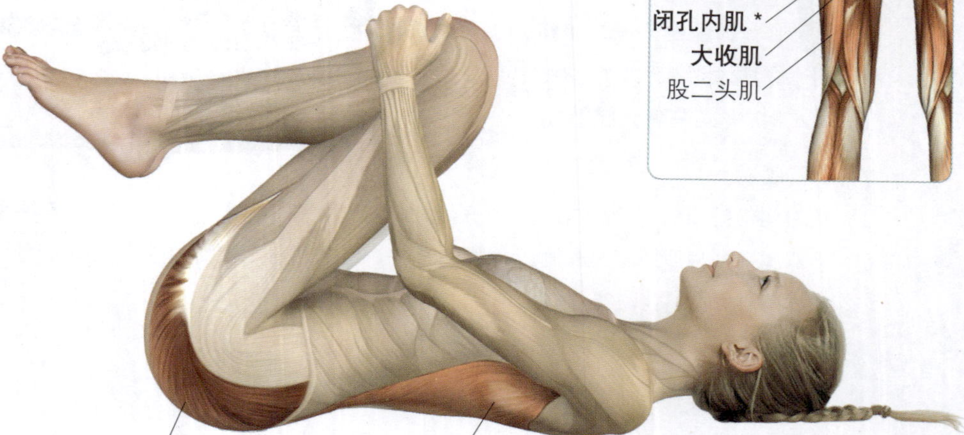

- 仰卧于地面，呼气，屈膝并上抬，直至小腿与地面平行。
- 将双手置于双膝前方，后伸颈部使之远离肩部。伴随每一次呼气，轻柔地牵拉膝部使之靠近胸部，同时背部和肩部紧贴地面。
- 保持该动作 30 秒至 1 分钟。

正确姿势
确保颈部呈中间位置。为使该动作更具挑战性，可用双侧手臂环抱双膝，双手分别抓住对侧的手肘。
注意
保持该动作时，避免紧张背部和腿部肌肉。

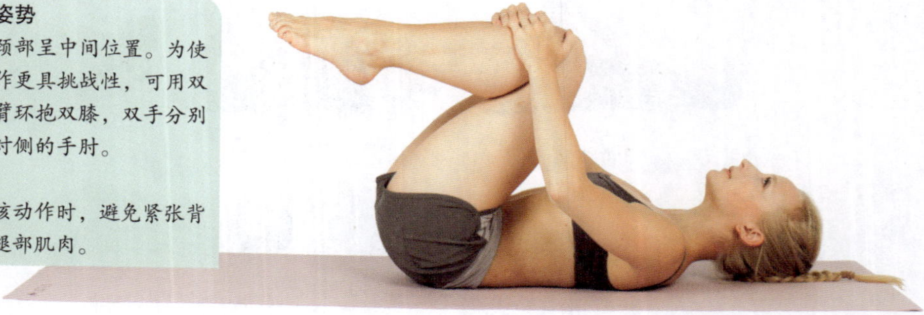

476 排气式

从膝胸式（#475）动作开始，下滑双手至小腿，向胸部方向牵拉屈曲的双膝，同时卷曲髋部和臀部，并使之离开地面。这一动作能有效缓解肠道内气体所致的痉挛和疼痛。

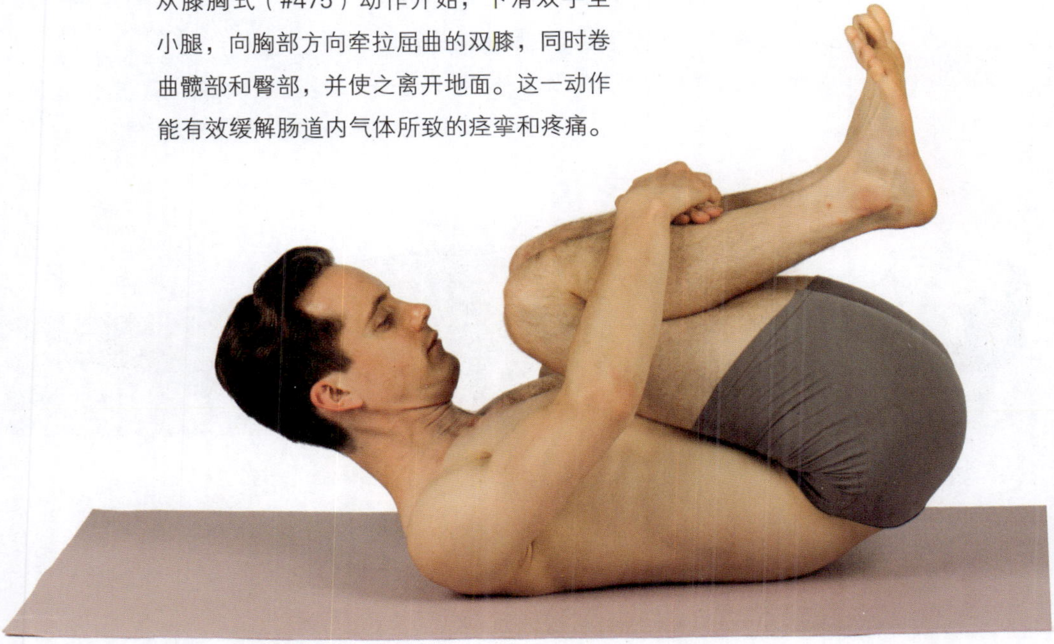

477 仰卧腰式预备动作

从膝胸式（#475）动作开始，打开肩部充分外展双臂，双膝并拢，将左侧大腿平放于地面。大腿需与躯干垂直，保持该动作 30 秒至 1 分钟，然后转换至对侧继续该动作。

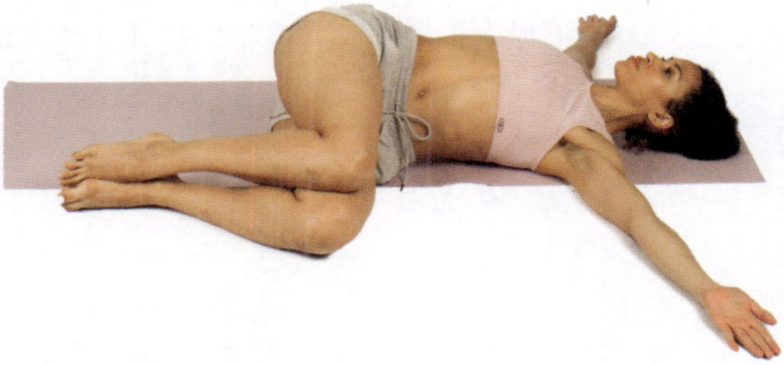

478 单腿排气式

从膝胸式（#475）动作开始，放低左腿，足趾下压指向前方，上抬、屈曲右腿，使之靠近胸部。这是另外一个有助于缓解肠道内气体所致痉挛和疼痛的动作。

479 仰卧树式

从膝胸式（#475）动作开始，伸直左腿，同时向地面压低右膝。将右手置于右膝上，轻轻地推动膝部使之外旋，直至其触及地面。

打开关节

做这一动作时，臀部和腿部肌肉需拉伸，右膝需触到瑜伽垫。永远不要强迫肢体完成这一动作，而是要通过这一动作增强柔韧性。

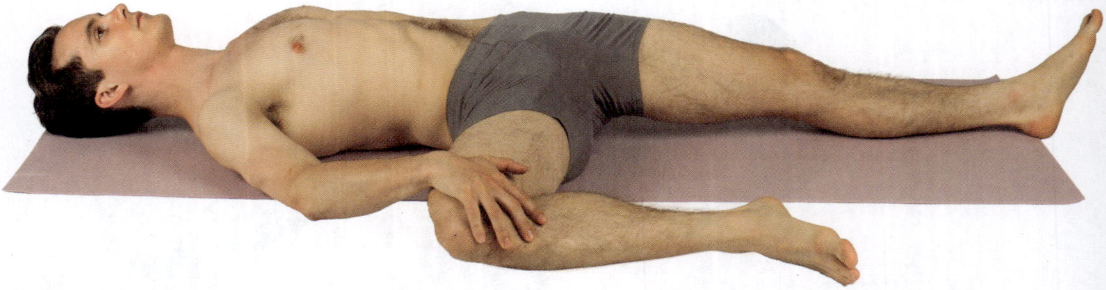

480 仰卧单手触足式

从膝胸式（#475）动作开始，双膝向上，伸直并放低左腿，同时足部背屈，足趾向上。移动右膝至右臂外侧，上举双手并抓住右足跟。

上抬

在上抬右腿时，为代偿右侧臀部的离地上抬，左膝可轻微屈曲。此时，不要试图强迫膝部紧贴地面。

481 快乐婴儿式

快乐婴儿式有助于温和地伸展臀部、腹股沟内侧和下背部。这一动作还有助于拉伸和矫正脊柱，并能强健手臂和肩部。

- 仰卧，上抬双膝至胸部，分开双膝和双腿，用双手分别握住两足踇趾。
- 上抬足踝使之高过膝部，并用手轻柔地牵引膝部向两侧腋窝靠拢。
- 向后拉长尾椎骨，上提肩部使之在背部上方，感受此时的下背部呈现自然的弧形。保持该动作 15 秒至 1 分钟。

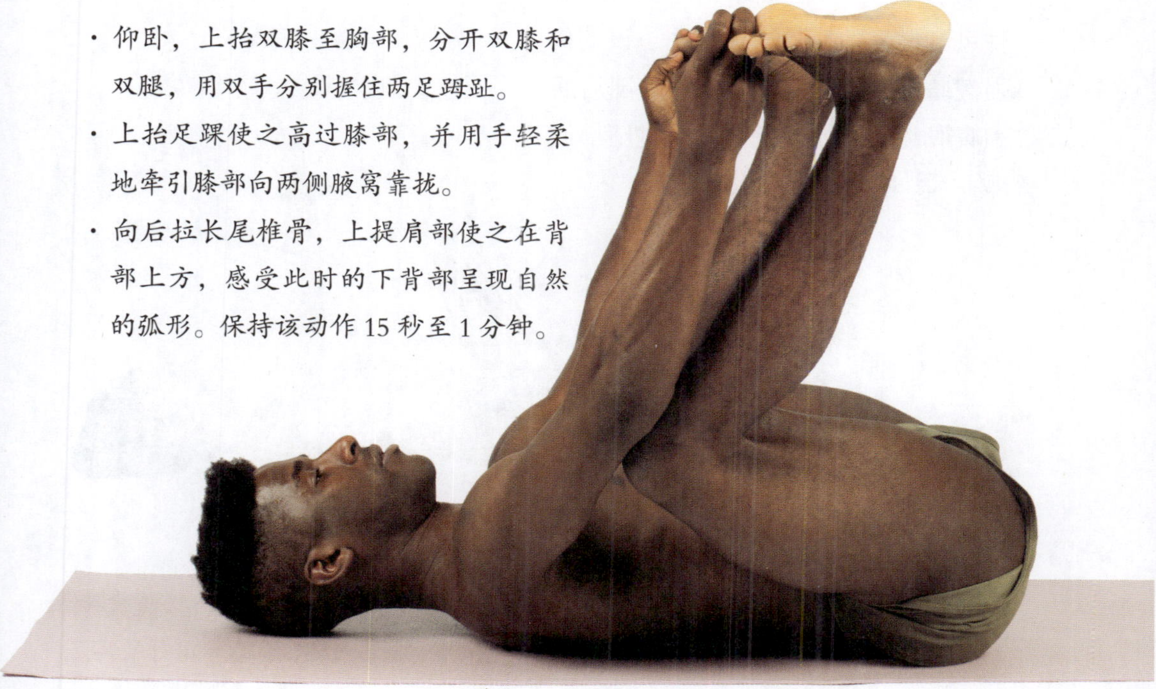

482 仰卧星式

从膝胸式（#475）动作开始，两侧足底并拢，用手抓住双足，温和地牵拉足趾向前，直至足趾触及前额。在上抬髋部、臀部以及下背部离地的同时，有意识地弯曲脊柱。

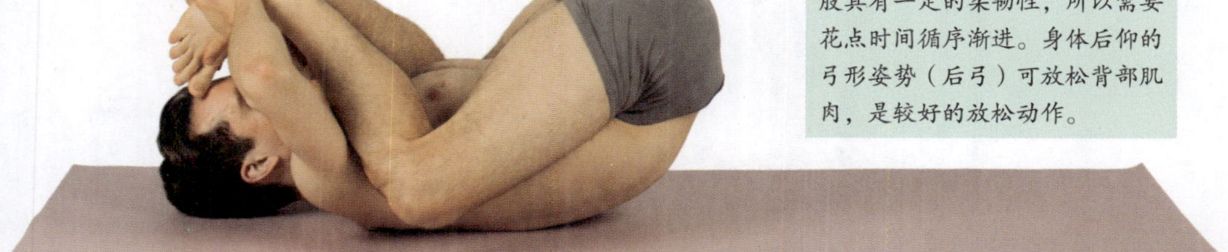

放松

做这一动作需要背部、臀部和下肢具有一定的柔韧性，所以需要花点时间循序渐进。身体后仰的弓形姿势（后弓）可放松背部肌肉，是较好的放松动作。

483

仰卧踇趾一式

也称为 Supta Padangusthasana，是一种风靡世界的简易瑜伽动作。该动作可强健膝部，拉伸臀部、大腿、腿后肌群和腹股沟区。如果近期接受过膝部或臀部手术，应禁止尝试练习该动作。

注释
粗体字表示收缩的肌肉
黑体字表示伸展的肌肉
* 表示深层肌肉

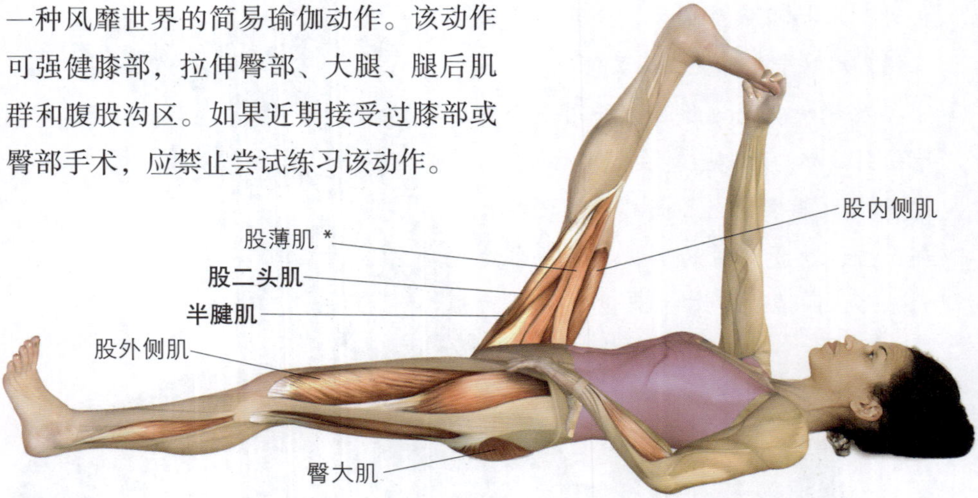

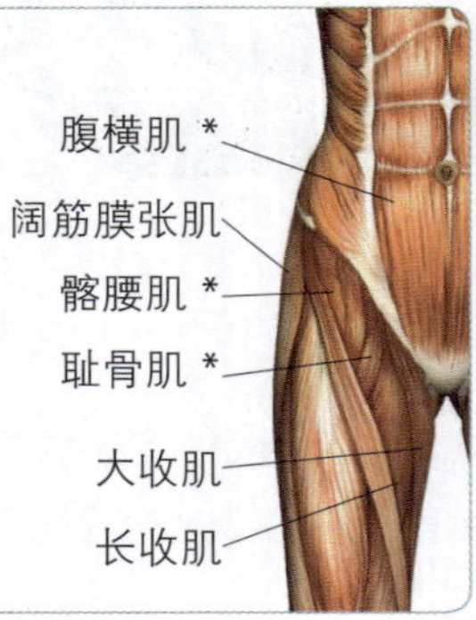

正确姿势
仅充分伸直腿部，练习者可以感觉到主要是大腿后肌群在拉伸。

- 仰卧，上抬右腿，稍稍旋转右侧大腿，使膝部正对腋窝。
- 用右手拇指和食指抓住右足踇趾，左手握住左侧大腿。如果手不能触及足趾，可以使用足带。
- 保持该动作 15~30 秒，换至对侧肢体重复该动作。

注意
避免上抬臀部，保持臀部紧贴地面，保持颈部伸直。

484 仰卧踇趾二式

从膝胸式（#475）动作开始，左腿伸直，右腿向外伸展，使之与躯干呈 45°。伸出右手，抓住外伸右足的踇趾。

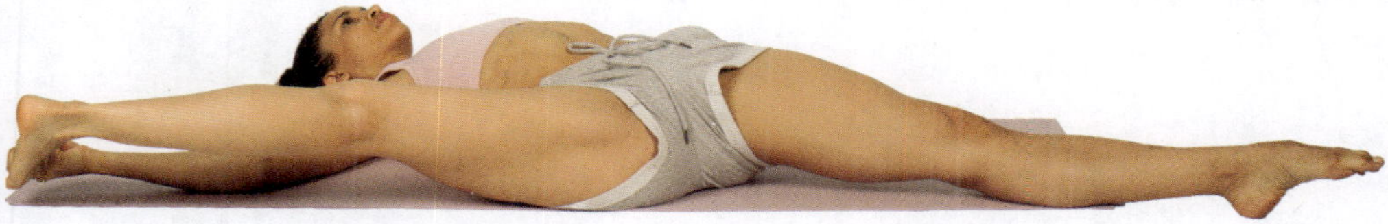

485 仰卧单腿雷电式

这一动作是仰卧踇趾式（#483）的变式，允许使用阻力带或长毛巾，扩大了练习者能达到的伸展范围。

- 仰卧，左侧小腿置于地面，左足底向后置于臀部外侧。
- 稍稍上抬右腿，将阻力带绕过足底形成圈套。
- 轻轻地牵拉右腿，直至其与地面呈 45°。保持该动作 15 秒至 1 分钟，然后换至对侧肢体重复该动作。

486 仰卧双手触腿一式

仰卧，屈膝，足底平放于地面。双手从后方环抱右侧大腿，并上提右腿，使屈曲的右膝置于胸部上方，右足呈弓形弯曲，足趾指向上方。

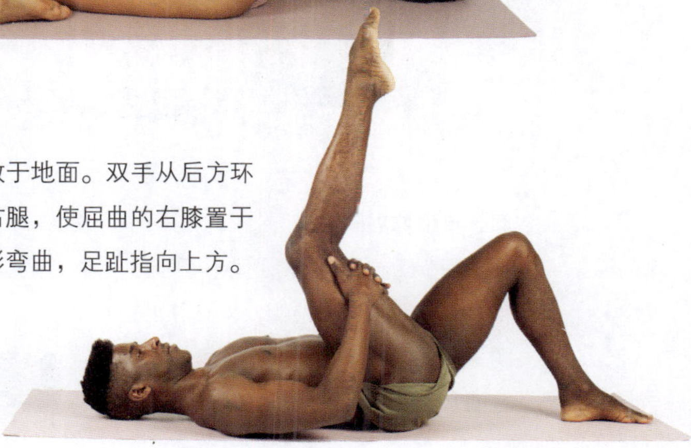

487 仰卧半单腿伸展式

仰卧于地面，双臂放松置于身体两侧，屈膝，上提足跟使其靠近臀部。双手手掌按压于地面，上抬并伸直右腿，足趾向上。轮换至对侧重复该动作。

488 仰卧双手触腿二式

仰卧于地面，屈膝，双足平放于地面。上抬左腿，直至伸直的足趾越过头顶。双手抬起并抓住左足足踝。保持该动作 15~30 秒，然后换右腿重复该动作。

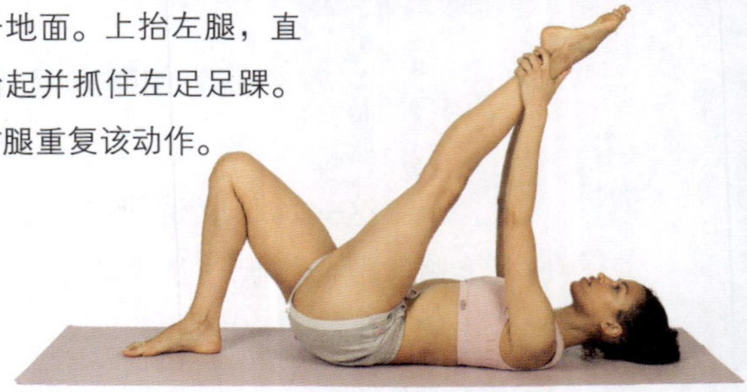

489 仰卧双手触腿三式

在进行仰卧双手触腿二式（#488）动作时，继续上抬竖直的大腿，双手下滑并握住小腿。切记不要为了能触及小腿而上卷肩部使之离开瑜伽垫。

烧灼感

练习这一动作时大腿后面肯定会感受到张力，尽可能地保持膝部伸直，以获得这一动作的最大锻炼效果。

490 仰卧单腿伸展一式

从仰卧踇趾式（#483）动作开始，放松双臂并置于身体两侧，伸直并上抬右腿，足趾向上。保持左腿伸直并平放于地面，足趾也向上。

491 仰卧踇趾三式

从仰卧踇趾式（#483）动作开始，向上屈曲右侧髋部和臀部，同时上抬头部和双肩使之离开地面。将前额靠近右侧小腿内侧，同时用右手抓住右足足趾。

492 仰卧双手触腿四式

从仰卧踇趾三式（#491）动作开始，左腿上抬，右腿伸直，右足趾向前；用双手抓住左侧足踝，向前拉伸已上抬的左足，左足趾向前。

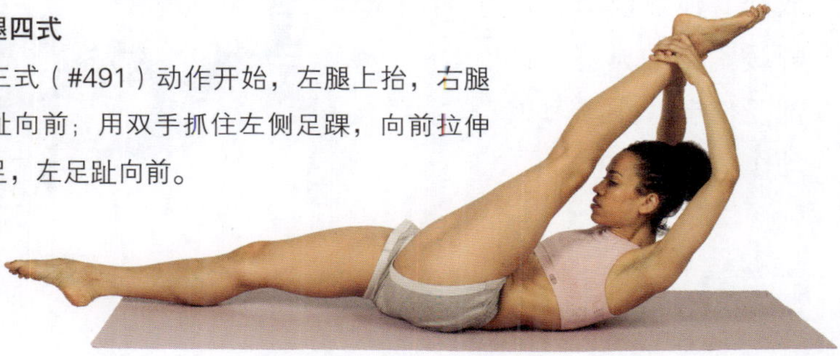

493 仰卧单手触腿式

从仰卧踇趾式（#483）动作开始，右腿置于地面，足部放松；上抬右臂，用右手握住左侧外踝，并牵引左腿，使左小腿内侧靠近前额。利用左臂（手掌平放）维持平衡，获得支撑。

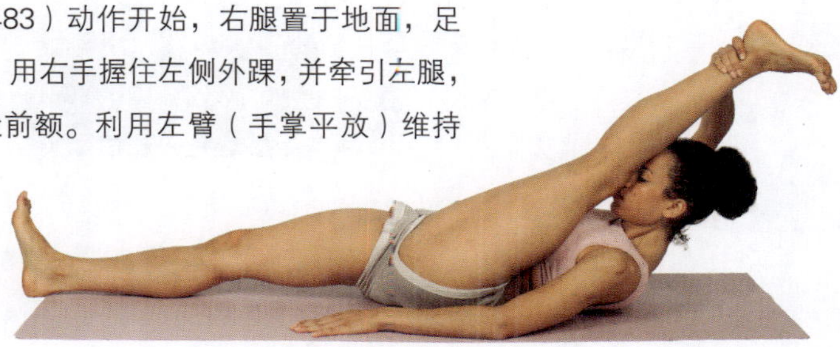

494 仰卧单腿伸展二式

从仰卧单手触腿式（#493）动作开始，左腿伸展，左足放松；上抬右腿，使右膝靠近前额，伸展右足；同时，双侧手臂置于臀部两侧，向前伸展，手掌平放。

495

挺尸式

该动作也称为Savasana，这一适合初学者的动作可以平静大脑，缓解压力，放松身体。该动作是舒缓紧张的典范。背部受伤者禁止练习该动作。

- 仰卧，双侧手臂近距离置于身体两侧。
- 舒展双侧肩关节和锁骨，手掌向上，手指自然屈曲。
- 伸展双足，双足之间距离恰当，足趾向外倾斜。
- 放松，闭上双眼，注意力集中在调整身体和均匀呼吸上。

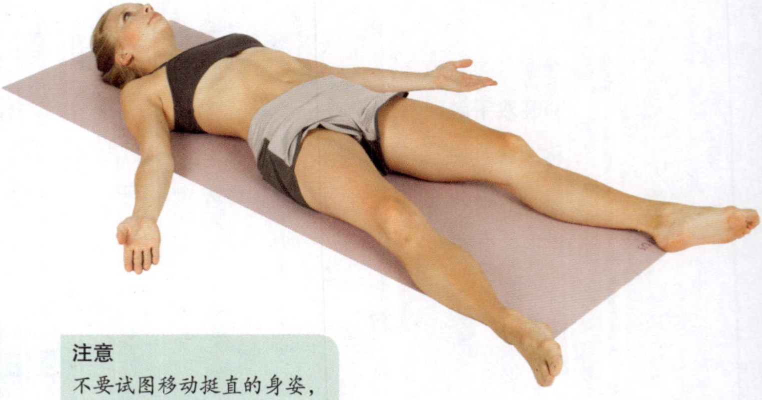

正确姿势

注意保持头部位于正中位置，挺直颈部，避免倾斜。练习该动作时，保持膝部屈曲，双足平放于地面。

注意

不要试图移动挺直的身姿，避免肌肉紧张。

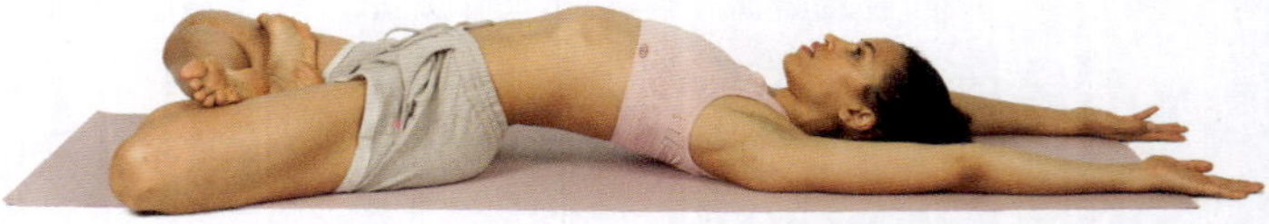

496 仰卧莲花式

从挺尸式（#495）动作开始，双腿呈莲花式，即左足盘踞于右侧大腿上，右足置于屈曲的左膝内。仰卧时背部后伸，呈现轻微的弓形向上姿势；伸展双臂，上举过头顶，掌心向上。

497 仰卧双腿伸展一式

从挺尸式（#495）动作开始，上抬双腿，使之与臀部垂直，足趾向上。双臂交叉，置于胸前，上抬两侧手腕至膝部高度，双手手指呈智慧手印式。

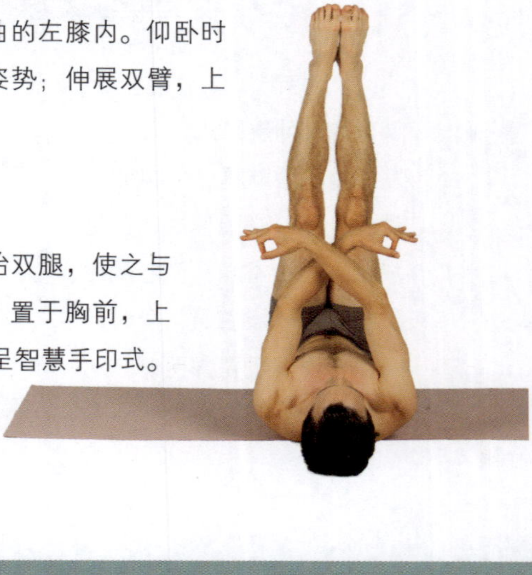

498 仰卧双腿伸展二式

从基础挺尸式（#495）动作开始，垂直上抬双腿，两侧踝关节相互靠拢，背部不离开地面形成明显的弓形上抬，保持足趾向上。上抬双臂，使之与肩部垂直，手指指向上方。在姿势正确的情况下，练习者的身体呈 U 形。

499 半脸向上强烈拉伸式

从挺尸式（#495）动作开始，上抬双腿，直至双足高过头顶，双腿位于躯干上方，并与躯干呈一定的角度。双手握住两侧小腿上部的后面，保持该动作 30 秒至 1 分钟。

500 脸向上西方强烈拉伸式

从半脸向上强烈拉伸式（#499）动作开始，向上卷曲臀部和髋部使之离开地面，卷曲下背部。同时，将双手下滑至足部，并抓住足背；放松小腿，并使其向下贴于面部。

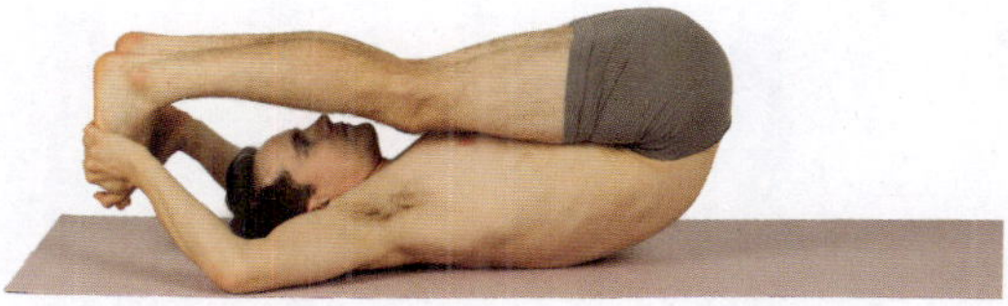

501 仰卧英雄式

这一仰卧位动作也称 Supta Virasana，特别有益于打开髋关节，以及拉伸膝部、大腿、足踝和腹部的肌肉。

- 跪坐于地面，小腿置于大腿外侧，足底向上。
- 放松躯干背部，保持脊柱弓形向上。
- 一旦双肩接触地面，双臂即向后伸展，掌心向上。
- 保持该动作 30 秒至 1 分钟。

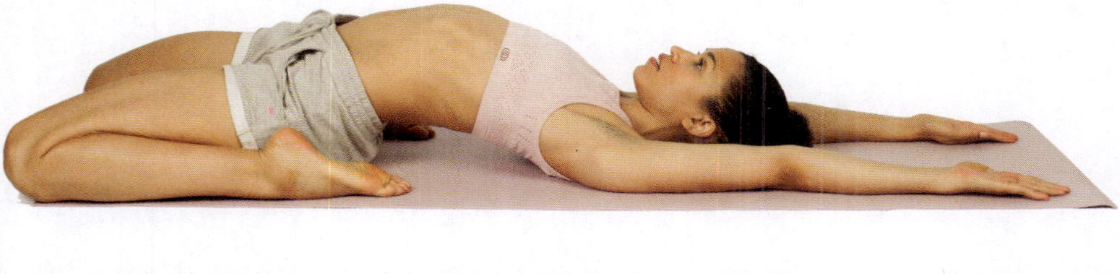